西藏高校图书馆发展现状研究

张 淼 著

中国社会科学出版社

图书在版编目（CIP）数据

西藏高校图书馆发展现状研究 / 张淼著 . —北京：中国社会科学出版社，2019.5
ISBN 978-7-5203-4510-1

Ⅰ.①西… Ⅱ.①张… Ⅲ.①院校图书馆—图书馆发展—研究—西藏 Ⅳ.①G258.6

中国版本图书馆 CIP 数据核字（2019）第 105010 号

出 版 人	赵剑英
责任编辑	郭　鹏
责任校对	刘　俊
责任印制	李寡寡

出　　版	中国社会科学出版社
社　　址	北京鼓楼西大街甲 158 号
邮　　编	100720
网　　址	http://www.csspw.cn
发 行 部	010-84083685
门 市 部	010-84029450
经　　销	新华书店及其他书店

印　　刷	北京明恒达印务有限公司
装　　订	廊坊市广阳区广增装订厂
版　　次	2019 年 5 月第 1 版
印　　次	2019 年 5 月第 1 次印刷

开　　本	710×1000　1/16
印　　张	14.25
插　　页	2
字　　数	205 千字
定　　价	68.00 元

凡购买中国社会科学出版社图书，如有质量问题请与本社营销中心联系调换
电话：010-84083683
版权所有　侵权必究

目　　录

前　言 …………………………………………………………（1）

第一章　文献信息资源的组织与管理 ……………………（1）
　一　国内外"知识组织"研究综述 ………………………（1）
　二　中文元搜索引擎发展趋势分析 ……………………（9）
　三　电子信息资源集团采购的利益平衡策略 …………（16）
　四　高校图书馆电子信息资源合作管理 ………………（23）

第二章　文献信息资源共建、共享 ………………………（33）
　一　芬兰国家电子图书馆——区域图书馆联盟建设的
　　　成功典范 ……………………………………………（34）
　二　民族地区文献信息资源共建、共享的意义 ………（42）
　三　西藏区域信息资源共建、共享研究概况 …………（47）
　四　西藏高校图书馆文献资源共建、共享实践 ………（54）

第三章　文献信息资源"开放存取" ……………………（63）
　一　"开放存取"环境下学术图书馆的发展 …………（64）
　二　"开放存取"的成功案例及启示 …………………（120）
　三　高校机构知识库联盟建设 …………………………（129）

第四章　全媒体环境下高校图书馆的转型 (140)
  一　新媒体与高校图书馆服务功能转型 (140)
  二　高校图书馆教育职能转型 (145)
  三　高校图书馆教育服务主体重构 (156)

第五章　图书馆教育职能发展实践 (163)
  一　信息素养教育现状及发展 (163)
  二　文献检索课教学方法改革 (171)

第六章　图书馆服务创新实践
  ——以西藏民族大学为例 (178)
  一　重点学科文献资源建设优化策略 (178)
  二　学科化服务的实践与思考 (190)
  三　服务管理协同创新 (200)

主要参考文献 (211)

后　记 (217)

前　　言

　　科学和技术的进步为人们的生活创造了无限可能，也使人类社会的方方面面发生了巨大的变化，其中最主要的一个变化就是——全球正在迅速地进入全媒体的新世界秩序中。这突出表现在以下几个方面：第一，信息资源形态的全媒体化。同一信息内容可以通过传统纸质图书、数据库、互联网内容等不同形式同时提供给广大读者。资源的良好整合不仅降低了生产成本，而且在很大程度上也得到了更多的利用。第二，信息传播方式的多元融合。技术进步改变了信息传播的渠道和方式，人们接收信息的终端可以是电视机、户外大屏幕、手机等，也可以是电子书刊阅读器等。2008年12月，《非诚勿扰》风靡中国，这部作品由传统图书、国际互联网终端、手持阅读器、手机和电影院线五大渠道共同打造而成，是我国第一部全媒体作品，开启了全新的大众娱乐时代。

　　随着全媒体环境的逐步成熟和发展，基于国际互联网的数字化研究环境将资源、服务与管理进行了有效集成，为科研用户迅速准确地从海量信息中获取资源提供了更多的便利。商业性联机数据库就是这种集成资源和服务的知识系统的典范，这类基于互联网的集成型数字化研究环境的迅猛发展，使图书馆再一次面临被"挤出"的困境——用户曾经长期面对的庞杂信息环境变得有序，有效的信息获取不仅变得更加准确和快捷，似乎也可以脱离图书馆来完成。信息内容全息化和传播方式融合化给高校图书馆带来了巨大挑战和机遇。高校图书馆组织结构的功能主要是为学校的教学和科研提供资源保障，这决定了信息资源建设和信息服务是决定高校图书馆核心竞争力的两大重要要素。高校图书馆用户群的学习型、研究型特征决定了他们会优先选择最方便有效的途径解决信息需求。图书馆作为一个实体知识服务系统必须思考如何利用技术的进步创新信息服务内容与方式，以顺应时代要求，实现资源集成、管理集成，进而提升知识服务的深度和广度，使用户能以最少的努力获取最全面的专业信息内容，充分发挥其教育功能和资源保障功能。

西藏目前有七所高校——西藏大学、西藏民族大学、西藏藏医学院、西藏农牧学院、西藏职业技术学院、拉萨师范高等专科学校、西藏警官高等专科学校。各高校图书馆用户群的60%是以藏族为主的少数民族师生，在资源建设、信息服务、素养教育、机构管理等方面有着突出的地域特征和民族特点，具体如何转型、如何构建全媒体时代高校图书馆的创新性信息服务，是各馆当前共同面对的首要问题。

早期的西藏高校图书馆都存在着管理落后、经费紧张、人才短缺等共性问题，由于没有主管职能机构的统筹管理，馆际业务交流与合作比较缺乏，在资源建设、人才培养等方面走了很多弯路。1998年6月，兰州—西宁—拉萨的电信一级光缆干线开通，标志着西藏信息化建设正式起步，经多年努力，西藏互联网业务出口总带宽已超过5G，西藏高校图书馆也迎来了发展的新时代。首先，西藏大学图书馆始建于1951年，是西藏高校最早建成的图书馆。21世纪之初，逐步实现了业务管理自动化。其次，西藏民族大学图书馆，在1958年西藏公学成立之际就开始为广大师生提供最基本的文献服务，由于学校地处内地，该馆的建设和发展也在很多方面走在了区内各馆的前面——1998年实现图书馆业务管理自动化，1999年开始以局域网的方式为师生提供电子资源服务，2006年图书馆局域网与校园网贯通，实现了校内馆藏资源共享。其他几馆也初步实现了业务管理自动化。

西藏高校图书馆整体的迅速发展始于2011年。2011年8月，"教育部CALIS[①]、CADAL[②]西藏自治区服务中心"成立，确立西藏大学图书馆为中心馆；2012年7月在拉萨召开了相关大会，此次会议是西藏高校图书馆真正意义上第一次组织在一起开会、学习，共同商讨西藏高校图书馆的发展。2012年11月6日，"西藏自治区高等学校图书情报工作指导委员会"（简称"西藏高校图工委"）和"教育部CALIS、CADAL项目西藏自治区工作领导小组"正式成立。自此，西藏高校图工委每年都定期召开"西藏高校图工委年会"和"教育部CALIS、CADAL项目西藏自治区工作领导小组会议"，西藏的七个高校图书馆有了合作的稳定平台，西藏高校图书馆事业的发展有了统筹规划。"西藏高校图工委""教育部CALIS、CADAL项目西藏自治区服务中心"等相关机构努力提升图书馆服务学校学科建设、人才培养、科研能力和水平，将促进西藏高校图书资源共建、共享作为中心任务，切实推进各项工作，使各馆有了确定的发展方向，使业务合作有了实质性的突破。此外，西藏高校图书馆的发展也得到了国家的大力支持：2001年5月10日，教育部正式启动"对口支援西部地区高等学校计划"，自2003年至今，陆续有北京大学、北京师范大学、中山大学、厦门大学、复旦大学、华东师范大学、天津大学、北京外国语大学、西安交通大学、中国人民大学等高校的图书馆和出版社在资源建设、信息服务、人才培养、业务指导等方面为西藏高校图书馆提供了切实的帮助。经过努力，西藏高校图书馆在各方面都取得了长足的进步。

本书第一章以信息资源组织与管理为主要内容，着重探讨了西藏

---

① 中国高等教育文献保障系统。
② 大学数字图书馆国际合作计划。

高校图书馆电子信息资源管理的现状和发展趋势。在现代图书馆的资源构成中，电子信息资源所占比重越来越大，人们的信息需求也从文献单元深入到知识单元，知识组织和电子信息资源管理就变得尤为重要。该章从总体上详细论述了知识组织的基本理论、技术和图书馆实践，以及对电子信息资源的重要组成——网络资源的管理，以中文元搜索引擎为研究主题概述了现有技术和发展趋势，详细梳理了西藏高校图书馆电子信息资源管理现状，提出合作发展将是西藏高校图书馆今后可行的发展模式。通过理论研究、实践调研、策略规划，为西藏高校图书馆电子信息资源组织与管理提供了基本框架。

第二章回顾和总结了西藏高校图书馆资源共建、共享的发展状况。从文献调研入手，提出建设以区域性图书馆联盟为基础的信息资源保障体系，是消除当前西藏高校图书馆资源共建、共享障碍、提高西藏高校图书馆乃至西藏地区信息化总体水平的一条重要途径，是实现西藏经济和社会全面发展的重要基础。在信息资源保障体系架构、组织层次、指导原则、管理模式、资源建设内容以及共建、共享具体措施、技术方法等方面应进行深入研究，逐步建立以西藏地区图书馆联盟为基础的，具有鲜明民族特色的信息资源保障体系。资源共建是解决经费不足、重复建设的有效办法，各馆必须以开放的理念进行真诚合作；自愿参加、平等互利、共建共享是基本的组织原则；统筹规划、分工协调是具体的实践方法。共知是前提，共建是基础，共享是目标。要从保障机制、资源整合、深化服务、建设效果等方面探索可持续发展策略。

第三章介绍了重要的新型学术出版模式——"开放存取"。"开放存取"（Open Access，简称OA）是国外学术界、学术出版领域和图书情报领域提出的一种全新的、适用于网络环境的学术交流机制，"开放存取"形成的基础是学术信息作者不求经济回报的理念和国际互联网的普及。它定位于科学信息交流系统，在实践中打破了学术信息获取的价格障碍和使用权限障碍，提高了学术交流的效率，增强了学术信息的透明性、可用性和易用性。"开放存取"对于高校图书馆等学术型图书馆的意义在于，它有可能缓解图书馆的经费危机和许可危机，增加图书馆的资源数量，丰富资源内容和类型，提高学科服务效率，并促进学术信息共享的实现。"开放存取"资源已成为重要的学术资源。该章通过对国内外现有研究成果和典型"开放存取"项目的分析和研究，重点就"开放存取"对学术图书馆产生的影响和学术图书馆在"开放存取"环境中的发展策略进行了深度探讨。

机构知识库是西藏高校图书馆主要的"开放存取"资源建设模式。该章通过调查分析西藏高校原生学术资源管理现状，探讨了以西藏高校图书馆为主体构建西藏高校藏学知识库，实现西藏高校科研成果的统一管理，促进藏学研究学术交流和科研创新的策略、方法。认为以联盟模式构建藏学机构知识库，有利于对西藏高校学术成果进行整合、保存和科学管理；可以突出"开放存取"资源的藏民族文化特色，更重要的是能促进西藏高校之间及学者之间的学术交流，激发科研和教学创新，提升西藏高等教育和科研的整体水平，助力藏民族文化的保护与传承。

第四章提出了在新的媒介环境下，高校图书馆实现创新服务、实现职能转变，是高校图书馆共同面对的重要问题。该章认为，高校图书馆的知识服务本身就包含了素养教育功能，全媒体时代的信息与媒介呈现出多元、全息、移动、智能的特点，媒介环境的变化改变了大学生信息行为方式，终身学习和社会发展对大学生提出了更高的素养要求。当代大学生必须具备对媒介与信息进行评估、选择、获取的知识、技能和态度，高校图书馆应该顺应时代要求，从信息资源全媒体化、信息服务立体化、素养教育多元化等方面创新信息服务，同时注重改革素养教育的内容与方法，全面提高大学生信息素养，使其获取终身学习和可持续发展的能力。

第五章和第六章以西藏高校图书馆的服务实践为主要内容,重点关注西藏民族大学图书馆的信息素养教育和知识服务创新。该章论述了西藏高校信息素养教育现状和教学改革尝试,在服务上强调西藏高校图书馆服务要从传统的文献服务、信息服务转换到深层次的学科服务,并将学科服务嵌入到教学科研的过程和用户的信息环境之中,逐步推进西藏高校图书馆服务的深度和广度,真正发挥西藏高校图书馆的资源保障功能、素养教育功能、知识服务功能,推动地区教育和科研水平的提高。

新技术改变了信息的存在形式和传播方式,也改变了大学生利用信息的方式。网络和智能移动设备的普及使社交媒体成为高校信息用户重要的学术交流和休闲娱乐平台。西藏高校图书馆传统的资源建设、文献服务、素养教育、机构管理等都必须做出相应的改变,通过创新成为知识的传播媒介和大学生综合素养的教育基地。

60年来,西藏高校图书馆走过了坎坷的发展历程,经过几代图书馆人的努力向社会呈现出了崭新的面貌。总结以往,展望未来,联盟合作必将是西藏图书馆事业乃至高等教育事业进步的发展之路。西藏高校图书馆应积极寻求服务教育功能创新的切入点,注重西藏特色研究,努力提升西藏大学生利用媒介和信息的综合能力,在繁荣西藏文化事业和促进西藏社会和谐发展的工作中发挥资源、服务和教育优势。

信息和媒介正在改变着世界,大学生即将改变世界。西藏大学生中的很多人将成为西藏未来发展的中坚力量,他们的媒介与信息素养水平对地区整体信息消费能力和西藏的稳定发展有着直接而深远的影响,希望他们在利用图书馆的过程中获得终身学习的能力,学会选择、参与和创建,使西藏的明天更加美好!

第一章

文献信息资源的组织与管理

进入21世纪,信息技术的发展改变了图书馆的资源结构,人们的信息需求从文献单元深入到了知识单元。高校图书馆不仅要顺应师生信息需求的变化,重视非传统类型的资源建设,也要重视在信息系统中揭示或描述信息所包含的知识内容,为师生提供深层次的学科服务。

一 国内外"知识组织"研究综述

信息技术和网络的蓬勃发展,使社会知识总量以指数速度迅速增长。但信息技术在促进了信息产生、发展及利用的同时,也使得信息呈现出严重的混乱无序状态。如何有效地组织、控制、传递知识,提高知识的利用率,已成为亟待解决的问题。图书馆的主要功能之一,是促进信息与知识的检索与利用。当人们的信息需求从文献单元深入到知识单元时,"知识组织"自然成为图书馆学的研究热点。

(一)"知识组织"的产生与发展

"知识组织"(Knowledge Organization)一词,最早是在1929年由英国著名图书馆学家、分类法专家H. E. 布利斯(H. E. Blisis)在其著作《知识组织和科学系统》《图书馆知识组织》中提出的,该课题一经提出就引起国内外图书情报界的广泛关注。1989年，国际学术机构"国际知识组织学会"（ISKO）在德国法兰克福成立。该学会自1990年以来分别以"知识组织工具与人类交往"（1990年，德国法兰克福）、"知识组织与认知范式"（1992年，印度马德里）、"知识组织与质量扩展"（1994年，丹麦哥本哈根）、"知识组织与变革"（1996年，美国华盛顿）为主题召开了四届大会，对"知识组织"的各个领域都进行了探讨，取得了一定的成果。1993年1月1日，《国际分类法》（IC）从第20卷起正式更名为《知识组织》（KO），由"国际知识组织学会"（ISKO）主办。自此，"知识组织"在图书情报学的分类系统和主题法检索语言系统的研究基础上逐渐发展起来，并开始引起人工智能、专家系统、超媒体系统、术语学等领域的关注，多方研究的焦点是"知识组织"的最小单元——概念及其语言表达。

在中国，较早使用"知识组织"一词并取得了一定研究成果的是刘洪波，他的"知识组织"理论思路较好，但他后来退出了图书馆研究领域，1992年以后几乎无人继续研究这一课题。网络的普及与发展使图书馆界再次意识到了进行"知识组织"研究的必要性，1995年后国内关于"知识组织"的研究论文开始出现在专业期刊上。笔者以"知识组织"为检索词对中国知网进行统计——自1995年至2002年共有相关论文40篇，其中1995年、1996年各1篇，1997年2篇，1998年3篇，1999年4篇，2000年2篇，2001年9篇，2002年18篇。21世纪初，虽然国内的相关研究还较弱，但武汉大学研究生教育已经列出"知识组织"研究方向，国家科学基金也开始资助这方面的课题。可见该课题已日益被重视。

（二）"知识组织"的概念

关于"知识组织"的定义，目前被图书馆研究领域普遍接受的是从事信息组织与控制研究的中国著名图书馆学家王知津的观点。他认为，"知识组织是对知识进行整序和提供，既处理大量的现有知识，又能相对降低存贮知识的物理载体文献的盲目增长，以免知识过于分散化，所以提供文献、评价科学文献和系统表述以产生新的便于利用和获取的有序化知识单元的处理系统即是知识组织"。此外，蒋永福认为，"知识组织是指为促进或实现主观知识客观化和客观知识主观化而对知识客体所进行的诸如整理、加工、揭示、控制等一系列组织化过程及其方法"。其他还有"知识组织是对知识单元的有序存储，也是对知识单元的有序表达，是行为过程与目标的统一"，"知识组织是对知识的本质以及知识之间的关系进行有序的揭示，即知识的序化"等。

到目前为止，虽然关于"知识组织"的定义还没有达成共识，但现有的表述都暗含有同一含义，即"知识组织"的实质是对知识的表达与序化。因此，定义的不统一并不影响对"知识组织"的研究。

（三）"知识组织"的研究范围

中国著名图书馆学家王知津在其论文《知识组织的研究范围及发展策略》中对"知识组织"的研究范围做了较为详细的阐述。他罗列了《知识组织文献分类系统》的一级类目和二级类目以及知识领域的通用分类系统——"信息编码分类表"。《知识组织文献分类系统》的一级类目包含"文献的形式，'知识组织'的构成，'知识组织'的应用，来自用语言和术语表示知识的外部环境，分类与标引对不同数据、语句（题名）、文献的应用，把特定领域知识带到'外部'"。他认为《国际分类法》（后更名为《知识组织》）的副刊名"致力于概念理论、系统术语学和知识组织"表明该刊的内容已经包括了应该属于"知识组织"领域的所有内容。黄建国和韩喜运则认为"知识组织"的研究范围是："知识组织"的理论基础；"知识组织"处理工具、手段、技术的编制原理和使用说明;"知识组织"的具体方式、方法(即"知识组织语言");"知识组织"的人工智能系统研究;知识库的建立、获取、更新与维护,知识库整序方法的使用,层次结构的规则库;专家系统的"知识组织"方式等。

(四)"知识组织"的理论基础与原则

国际知识组织学会(ISKO)表示:"在过去几十年分类法和叙词法研究中所发展起来的理论基础完全可以用于各种知识组织和表示各种一般的和特殊的系统。"中国著名图书馆学家王知津和中国台湾学者王琼玲都认为"知识组织"的理论基础是:对知识进行任何组织都必须建立在知识单元的基础上,而知识单元无非就是概念。王知津指出:"知识不能靠自己组织和表示,除非用知识单元及许多词语和句子的可能组合来表示。知识空间是知识组织的概念基础。"王琼玲则提出:"知识组织的推展需凭借咨询科技的工具,咨询科技的产生,使得知识组织的应用领域更广泛,知识组织可将复杂的资料加以组织化,便于利用。""在咨询科技的平台上建构组织,可利用咨询科技导向组织达成专业化,使得知识富于创新、弹性及动态。"

关于"知识组织"的原则,目前的"知识组织"研究还缺乏系统性的理论研究。在可见的论文中还没有对"知识组织"原则的较全面论述,有关这方面的论述大都是关于网络资源的"知识组织"。李秀云指出,在网络环境下,"知识组织"必须坚持标准化原则、系统性原则、特色性原则和安全性原则。盛小平认为,在数字图书馆的"知识组织"中应遵循科学性原则、系统性原则、标准化原则、共享性原则、效益性原则、特色性原则以及安全性原则。

(五)"知识组织"的目标与任务

英国的布鲁克斯(Brookes)创造"认识地图",认为"在情报学的意义上，知识组织就是对文献中记录的知识的逻辑内容进行分析，能够直观地标示人类思考和创造相互影响及联系的特点，以展示知识和情报的有机结构，为用户提供纯情报"。中国著名图书馆学家王知津指出：信息潮促进专业化，专业化导致"无能"（这里所说的"无能"是指一个人在越来越少的领域中有能力，而在越来越多的领域中丧失能力），"无能"产生虚假知识，虚假知识推动信息潮。这种恶性循环导致核心知识增长不大，而分散在各种出版物中的外围知识和虚假知识却与日俱增，从而导致知识存储状态的无序化。在高科技时代，这种无序状态必须加以抑制和扭转，否则极其危险。"知识组织"的目标就是对知识进行整序和提供，使知识存贮有序化和容易获取。韩喜运等人也认为"知识组织"的目标是"使知识从无序变为有序，以便于知识的提供、利用和有效传递"。

中国著名图书馆学家王知津还指出，今天，信息泛滥、知识存储的无序化已发展到了一定程度，虽然现在才开始重视"知识组织"，但"知识组织"必须对已暴露出的这种趋势施加影响以抑制其继续发展。"知识组织"不但要应付大量现有知识，还要抑制未来的知识无序增长。因此，"知识组织"的主要任务应该是文献提供、科学文献评价和系统表述。通过这些活动为用户提供其需要的相关文献和知识单元，阻止其无序进入实体。中国台湾学者王琼玲对此亦持同一观点。

（六）"知识组织"的方式方法

"知识组织"的方式方法问题是近年来"知识组织"的研究热点，许多学者都在这一领域有所建树。盛小平等人对传统图书馆与数字图书馆的"知识组织"方式进行了比较，将传统图书馆的"知识组织"方式概括为文献和数据。盛小平等人认为，以文献为基础的"知识组织"系统是一种静态的、列举式的结构，它效率低，不能真实地描述和表达知识。而以数据单元为基础的"知识组织"系统可以向用户提供其所需信息或情报，这扩展了以文献为基础的"知识组织"系统的功能。英国学者布鲁克斯提出的"认识地图"即是这一类"知识组织"系统。他们提出的数字图书馆的"知识组织"方式有文件、数据库、主题树、超媒体、知识库等几种。韩喜运则将"知识组织"方式划分为以文献单元为基础、以数据单元为基础和以专家智能系统为基础三大类，但他同时也认识到，"目前普遍采用的文献中的关键词或主题词表征文献内容作为文献提供的知识或情报单元的方法还不理想；各类电子化的事实库和数值库是以知识单元为基础，但难以体现情报系统的相关性，全文数据库虽然能够帮助人们检索到文献中的任何信息，但它对文献中所含情报的任何形式的组配和输出仍然取决于人们建库时的算法，是由需要综合应用的'知识组织'方法决定的。情报学意义上的'知识组织'还没有完全解决，需要综合应用认知科学、思维科学、语言学、逻辑学、计算机科学、信息科学的方法进行研究，才能得到深入"。李秀云则提出网络资源的"知识组织"方式主要有主题树方式、文件方式、数据库方式、知识重组、智能重组。

尽管各位学者的划分角度与结果不尽相同，但大多数学者都认为传统的"知识组织"方法依旧可应用于网络资源的"知识组织"。特劳戈特（Traugott）等人指出，目前国际上已有不少分类法被应用为浏览器的机构基础，如国际十进分类法（UDC），美国国会图书馆分类法（LCC），杜威十进分类法（DDC）等，其中杜威十进分类法（DDC）的应用最为广泛。同时学者们也认识到，传统的组织方法难以适应技术的发展，目前最迫切的是要找到适用于网络资源的"知识组织"方法。

关于网络资源的"知识组织"方法，李秀云提出了智能重组方式，根据投入智力程度的不同将其划分为原装信息服务、重装信息服务、方案信息服务三个层次,并设计出智能重组的具体步骤:确立主题→资源检索→信息遴选→编辑输出→增值服务。也有学者提出了较新的观点,如李宏轩认为传统信息组织方法如分类法、主题法、引文法等,均把信息片段视为一个孤立的计算单位,较新的信息组织方法如文件、数据库、超媒体、数据仓库等同样都属于微观层面的组织方法;国际互联网信息自组织是传统信息组织方法的延伸,属于宏观范畴,是信息提供个体的自在与自为辩证统一的结果,信息组织与信息自组织对于信息的有序化都是必要的,它们之间具有功能的互补性质。

(七)"知识组织"的相关技术

关于"知识组织"的技术研究主要是关于搜索引擎、超文本技术、元数据、元知识、数据挖掘、数据仓库、知识发现、标记语言、数据库、推送技术、自动跟踪技术、机器翻译技术、信息检索的推拉技术、数字图书馆技术、专业指引库技术、多媒体技术、智能代理技术、人工智能技术等。但国内研究往往只是翻译国外文献,介绍国外的研究成果——如近年来对网格技术、元数据等的介绍,而对于新技术在中文环境中应用的研究有很大欠缺。而且目前在国内从事"知识组织"研究的专家,缺乏具备较高计算机技术的人才,因此我们几乎没有重大研究成果产生。国外的研究也存在急功近利的现象,最常见的就是重复,如亚历山大·西格尔(Alexander Sigel)提出的主题地图(Topic Maps)实际上也只是电子化的主题索引。国内外的研究都侧重于介绍现有的分类法——如杜威十进分类法(DDC)、国际十进分类法(UDC)、中图法、主题法(如《美国国会图书馆标题表》LCSH等)——的电子化及其与元数据等在网络信息资源组织中的利用。尤其是关于杜威十进分类法(DDC),其文献第21版4卷本及其电子版本(Dewey for windows)的相关介绍性文章较多。

（八）"知识组织"研究的基本结论

虽然"知识组织"一词早在1929年就已出现，但对"知识组织"进行专门的深入研究并开展各种学术活动却是近十年来的事。目前国内外对"知识组织"的研究已取得一些成果，如武汉大学信息管理学院硕士研究生邹曼莉、李林华、李宏轩从学科的角度讨论了"知识组织"的研究对象、学科性质、研究内容及理论体系，为"知识组织"系统理论的形成做出了可贵的探索。现在的研究基本涉及"知识组织"的各个方面，但仍存在许多问题，例如："知识组织"理论基础研究缺乏系统性，关于"知识组织"的概念、特征、基本原理、研究对象、研究范围、组织方法等基本问题没有形成统一的看法；国内在"知识组织"研究中较少吸收、借鉴其他学科的研究成果；"知识组织"的各种方法（如分类法、主题法、索引法等）只是被分别研究，分别利用，没有形成"知识组织"方法系统论；国内研究重复多，创新少，缺乏对"知识组织"的展望性研究；缺少"知识组织"的专著和教材。

"知识组织"是在图书馆学情报学的分类系统和叙词表研究的基础上发展起来的。到目前为止，"知识组织"仍是图书馆馆员和情报人员的特定研究领域。然而，对"知识组织"的研究已引起了人工智能、专家系统、超媒体、术语学、教育学等领域的关注。在"知识组织"领域我们有许多工作必须尽快去做：

第一，扩大国际知识组织学会（ISKO）的组织规模，进一步发挥其成员作用，为"知识组织"研究与活动提供有力的组织保证。

第二，加强"知识组织"教育，编写系统的教材，培训专业教师，在高等院校的图书馆专业、信息管理专业、档案专业中开设"知识组织"课程。

第三，定期举办学术会议，针对"知识组织"领域的最新课题开展研讨,及时出版最新的会议论文,并提供给相关人员。

第四,建立研究中心,并与术语学家合作,确认新概念,保持叙词表和分类系统的稳定更新。

第五,建立"知识组织"概念系统。

第六,及时出版有关"知识组织"各种相关文献的最新书目和"知识组织"领域的专业刊物、简讯等,应及时发表该领域的研究成果。

另外,国内对"知识组织"研究还不够重视,相对于知识管理研究的繁荣,"知识组织"的研究可谓冷冷清清。图书馆界有着"知识组织"、信息组织的丰富经验,在网络时代如何对网上信息资源进行有效的组织并使之得到最大限度的开发与利用,是图书馆界不可推卸的责任,也是图书馆在网络空间得以生存与发展的需要。"知识组织"研究必将拓展图书馆学的研究领域,推动图书馆事业向前发展。

二 中文元搜索引擎发展趋势分析

在数字化背景下,文献的载体形式似乎已经淡出人们的视野,文献信息资源组织管理技术从传统的分类、标引、著录转变为基于关联数据的组织整理。不同作品论述的同类知识单元不再是通过文献之间建立关联,而是在国际互联网上直接建立关联。搜索引擎因此成为特定的信息查询系统,可以有效地帮助人们从海量的资源库中获取所需信息,是"知识组织"技术研究的重要内容之一。搜索引擎在信息覆盖范围和检索功能上存在很大差异,用户通常需要利用多个搜索引擎才能得到所需信息。为了解决逐一登录各搜索引擎对同一检索要求多次进行检索的烦琐操作,元搜索引擎的研究成为网络信息资源检索的重要课题。元搜索引擎的最大优点在于它尽可能地减少和优化了检索操作,实现了输入一次检索要求,多引擎同时搜索的目的。从这个意义上说，元搜索引擎的研制初衷就是为了优化检索服务，方便用户。

（一）元搜索引擎

元搜索引擎（Meta Search Engine）"是对分布于网络的多种检索工具的全局控制机制，它通过一个统一用户界面帮助用户在多个搜索引擎中选择和利用合适的（甚至是同时利用若干个）搜索引擎来实现检索操作"。[①] 它没有自建数据库，也没有网页搜寻机制，但它有特定的元搜索技术的支持。元搜索引擎由"检索请求提交机制""检索接口代理机制""检索结果显示机制"三部分组成，其基本运行原理是：用户在统一的检索界面提交一次检索请求，"检索请求提交机制"负责用户检索请求的个性化设置，包括调用哪些搜索引擎，检索时间、结果的限制等；"检索接口代理机制"负责将用户检索请求加工转换为各独立搜索引擎可理解的指令，转发给各独立搜索引擎，由这些搜索引擎在各自的数据库中搜索符合检索指令的信息；"检索结果显示机制"负责对所有独立搜索引擎返回的检索结果进行汇集、筛选、删并等优化处理，然后定制统一的结果页面或直接调用元搜索引擎的 Web 页面显示给用户。

如果按功能划分，元搜索引擎可分为多合一式（All-In-One）元搜索引擎和多线索式元搜索引擎。多合一式元搜索引擎的用户界面以任意顺序或分类罗列多个成员搜索引擎，它本身只提供各类检索工具的介绍信息和物理连接机制，以各成员搜索引擎的检索指令和数据格式直接面对用户。事实上，它只是检索工具列表，用户只能通过它了解、选择、使用各类搜索引擎，并且每次只能选择一个搜索引擎进行检索，而且多合一式的元搜索引擎对各独立搜索引擎的

[①] 王芳、张晓林：《元搜索引擎：原理与利用》，《现代图书情报技术》1998 年第 6 期。

界面复制可能是部分或全部，提供给用户的结果也是各独立搜索引擎的 Web 页面。严格地说，多合一式元搜索引擎还不是真正意义上的元搜索引擎。国外的 Qbsearch 和国内的搜星都属于多合一式的元搜索引擎。

多线索式元搜索引擎指"利用唯一的、确定的检索界面，实现对多个独立搜索引擎的索引数据库进行检索，并将检索结果以统一格式显示的网络检索工具"。① 它一般都有统一的检索界面，具有检索指令转换功能，并以统一结果集的形式向用户提供检索结果，真正实现了元搜索引擎的功能设计。国外著名的多线索式元搜索引擎有 Mamma、MetaClawer、ProFusion、SavvySearch 等，国内有万纬中文元搜索引擎。

（二）中文元搜索引擎概况

目前国际互联网上所使用的元搜索引擎多为英文元搜索引擎，中文元搜索引擎则十分有限，主要有以下几个：

第一，Metasearch（http://202.112.0.70:8201/index1.html）。它是最早的中文元搜索引擎，由清华大学研制。功能有限，只收录了指南针、天网、华南理工三个大型搜索引擎。

第二，飓风搜索通。是基于客户端的元搜索引擎，可免费下载具有集成搜索功能的搜索软件。

第三，搜星元搜索引擎（http://www.soseen.com）。它由美国 Red Star 国际互联网公司研制开发，可以同时搜索七个大型搜索引擎，如中文谷歌网、百度网、中文雅虎网、搜狐网、新浪网、中华网和 TOM 网等，其搜索出的结果可以过滤掉重复的网站，并将结果用统一的格式反馈在同一个页面上。支持包含"＋"或"空格"检索，

---

① 李明：《中文元搜索引擎万纬搜索研究》，《现代图书情报技术》2003 年第 5 期。

搜星同时以多合一方式向用户提供各门户网站分类导航目录列表,对用户来讲方便实用。CuteSearch.com 是搜星的英文搜索引擎。

第四,万纬中文元搜索引擎(http://www.widewaysearch.com)。它由上海万纬信息技术有限公司开发,能并行搜索国内外多个著名搜索引擎。它可调用的独立搜索引擎包括八个英文搜索引擎和十二个中文搜索引擎,它们分别是 AltaVista、Argos、DirectHit、Fast、Google、Hotbot、NorthernLight、Yahoo,网典、新浪、雅虎(中文)、搜狐、搜索客、天网、悠游搜索、好多、找到啦、欧姆龙、飞华、Excite(中文)。用户可根据需要自由选择其中最多六个引擎进行同步搜索,并可选择按"相关度""时间""域名分类""引擎"等方式排列检索结果,万纬中文元搜索引擎将检索结果进行优化处理后以统一格式返回给用户。万纬中文元搜索引擎支持简单搜索和高级搜索,也支持逻辑查询和布尔查询。为减轻用户结果选择的负担,在结果筛选方面,万纬中文元搜索引擎提供了最大检索结果限制、结果统计、网页标题、元搜索引擎标志、内容摘要、相关度、信息返回时间等检索结果信息描述,给用户带来了很大方便。万纬中文元搜索引擎可以说是目前最好用的中文元搜索引擎。

此外,有的中文网站也提供多个引擎的搜索功能,但不是真正意义上的集成搜索引擎。如 3721 是一个搜索工具类网站,它可以把用户输入的关键词同时提交到网易、新浪、雅虎(中英文)、搜狐、搜索客、263、悠游搜索七个搜索引擎上,其查找结果是这七个搜索引擎查找结果的大集合。T500 网站则集成了国内外近百个搜索引擎,分为网站、软件、MP3、文章、新闻、游戏、硬件等类别,大部分搜索引擎都提供中文信息,着重服务于国内用户。

中文元搜索引擎由于起步较晚、发展缓慢,与国外的元搜索引擎相比有很多不足之处,比如:

第一,开发不足。现有可利用的中文元搜索引擎只有有限的几个，功能较好的只有万纬中文元搜索引擎，而支持中文检索的英文元搜索引擎也只有 Ithaki 等少数几个，远远不能满足中文用户群的需求。

第二，检索请求处理功能的欠缺。现有中文元搜索引擎一般提供给用户的都是基于关键词的查询模式，在处理一些较为复杂的检索课题时，中文元搜索引擎的表现就差强人意。而且在逻辑查询支持方面，中文元搜索引擎也有所欠缺，在查询选项上也不够丰富，这些缺陷造成了对中文元搜索引擎检索性能的限制，就是公认较好的万纬中文元搜索引擎也不例外。

第三，检索结果显示机制有待提高。搜索结果的第一页，或者说搜索结果的排列方式对中文元搜索引擎和用户来说是十分重要的，检索结果的描述信息也是影响用户判断的重要指标。中文元搜索引擎在这些方面有很多需要改进的地方——如万纬中文元搜索引擎的检索结果中未将原网页所用的内码标准列出；结果描述中的网页文字描述虽然采用了索引带关键词的部分，但关键词没有高亮显示；一次搜索后关键词不在搜索框中保留显示等，这些细节在一定程度上都会对搜索效率造成相当大的影响。比较而言，国外很多元搜索引擎在结果显示方面就想得更加周到。

第四，个性化服务方面的欠缺。个性化服务是否丰富是搜索引擎吸引用户的地方，国外较著名的元搜索引擎都很注意检索界面的设计和个性化服务的提供。比如：ProFusion（http：//www.profusion.com），它拥有智能化的搜索方案，提供诸如搜索引擎选择、检索类型、结果显示、摘要选项、链接检查等较多的检索选项，支持个性化设置，可以选择三个最好的搜索引擎、三个最快的搜索引擎、全部搜索引擎、手工选择任意几个搜索引擎来进行搜索，并且可替注册用户维护一个个人页面，按用户的要求选择合适的搜索引擎，自动进行日常搜索，并将结果通过电子邮件通知用户。MetaCrawler（http：//www.metacrawler.com），其高级检索模式可实现很多功能——搜索引擎的选择调用，基于域名、地区或国家的检索结果过滤，最长检索时间设置，每页可显示的和允许每个搜索引擎返回的检索结果数量的设定，设定检索结果排序依据（包括相关度、域名、元搜索引擎）等。以上内容均可作为定制检索的个性化选项并予以保存。另外，检索结果中包括一个以 1000 为最大值的相关度指标。这些个性化的服务在中文元搜索引擎中就很少体现。

（三）基于服务的中文元搜索引擎的发展趋势分析

面对国际互联网上成几何倍数增长的信息资源，一个好的中文元搜索引擎不应只是凭可调用的独立搜索引擎的数量、检索速度、多语言支持等特征来判断优劣，而是应以返回检索结果的准确度和涵盖度为其主要衡量指标。服务是中文元搜索引擎最根本的存在价值。中文元搜索引擎的发展应以服务的有效性为目标。

第一，专业化是中文元搜索引擎的发展方向。用户通常都希望能获得尽可能全面、准确的信息资源，但任何一个独立的搜索引擎都不可能成为网页大全，因为搜索引擎对网页标引的速度永远赶不上网页的增长速度。中文元搜索引擎是为了解决这种服务与需求间的矛盾而出现的，但它还是没能很好地解决这一问题。网络信息资源迅速增长是一个原因，但中文元搜索技术本身是更关键的因素。由于中文内码的不统一以及汉语切分词技术的不成熟，中文元搜索引擎在查全率和查准率方面本来就与国外的搜索引擎存在差距，中文元搜索引擎的基本技术是超链接、检索指令转换，它本身并没有解决搜索引擎的技术难题，因而在集成独立搜索引擎时，除了信息覆盖范围得到一定程度的扩大，查准率依然是一个有待解决的难题。相关机构应努力按照学科或专业来进行信息资源市场的细分，争取在某一领域做到最好，不仅要在查全率方面满足用户需求，而且要在查准率方面也争取有很大的提高。虽然资源是无限的，但一个学科或专业的资源相对于整个知识体系的资源来说则是有限的。专业化中文元搜索引擎如果能集成本专业的搜索引擎,从专业的角度说,信息覆盖范围就大大提高了。而且同一领域的专业术语比较一致,用户检索表达较少会产生歧义,查准率也会相应得到改善。当然,中文元搜索引擎的专业化要以中文独立搜索引擎的专业化为基础,这需要一个过程,但专业化无疑是中文元搜索引擎的发展趋势。

第二,分类主题一体化的导航方式是中文元搜索引擎的主要特征。国外主要的元搜索引擎大都以关键词作为检索入口,利用丰富的高级检索项目来提高检索效果。但由于用户检索语言表达并非标准化以及元搜索引擎检索功能存在一定的缺陷,在返回的检索结果中往往大部分都是非相关信息,增加了用户筛选的负担。中文元搜索引擎数量虽少,但在这一方面比较注重用户的感受。搜星、万纬等中文元搜索引擎都在提供关键词检索的同时,提供网页分类导航目录,为用户提供了不同的检索途径。基于分类的导航具有更好的专指性,用户对查准率的要求在一定程度上得到了满足。分类主题一体化是中文元搜索引擎的发展趋势。

第三,个性化定制服务是中文元搜索引擎的发展方向。国外较好的元搜索引擎都很重视用户个性化需求的满足,例如:Infonetware 元搜索引擎(http://www.infonetware.com/),具有强大的对搜索结果进行主题分类的功能,用户可选择不同的主题,并得到来自所有主题搜索结果,而不是仅仅把搜索结果限制在一个主题范围之内。MetaCrawler(http://www.metacrawler.com),其高级检索模式可实现许多功能,如搜索引擎的选择调用,基于域名、地区或国家的检索结果过滤,最长检索时间设置,每页可显示的和允许每个搜索引擎返回的检索结果数量的设定,设定检索结果排序依据(包括相关度、域名、元搜索引擎)等,这些内容均可作为定制检索的个性化选项并予以保存。不同用户的信息需求存在很大差异,元搜索引擎应该能够为不同的用户在相同的检索请求下提供不同的检索结果,即对用户具有自适应能力,从而有效提高信息查询速度和精度。因此,优化检索请求提交机制和检索结果返回机制的个性化设计,是中文元搜索引擎的发展方向。

第四,支持多语种查询是中文元搜索引擎国际化的基础。国外著名的元搜索引擎都支持多语种查询,比如:Ithaki(http://www.ithaki.net/dir.html)支持包括中文在内的十四种语言检索,SavvySearch(http://savvy.cs.colostate.edu:2000/)支持二十种语言(不包括中文),Ixquick(http://www.ixquick.com)有六种语言界面供用户选择。中文元搜索引擎往往只支持中文或英文查询,这就限制了中文元搜索引擎的国际化发展。一个有活力的中文元搜索引擎应该是面向市场、面向用户的搜索引擎。支持多语种的中文元搜索引擎能吸引更多的用户,用户数量的多少决定了元搜索引擎的经济效益,为了更好地开拓市场,多语种也是中文元搜索引擎的发展方向。

中文元搜索引擎研究刚刚开始起步,在发展过程中要借鉴国外元搜索引擎的技术和经验,结合汉语特征和中文用户群的需求,以高质量的检索服务为目标,使中文元搜索引擎成为网络信息资源检索的重要工具。

三 电子信息资源集团采购的利益平衡策略

电子信息资源以内容丰富全面、更新快、易存取、统计管理简便有效等优点深受用户及图书馆的欢迎。但电子信息资源数量、类型、价格的迅速增长也使其引进和采购模式成为图书馆资源建设特别是高校图书馆资源建设必须重视的一个问题。在实践中,集团采购一般是电子信息资源采购的首选方案。从表面上看,集团采购仅仅是采购集团与信息提供商之间的谈判、签约,但在实际操作中集团采购涉及了多方利益。只有使各方利益达到平衡,采购目的才能实现。

（一）集团采购是高校图书馆电子信息资源的主要采购方式

目前，电子信息资源的采购方式主要有两种：个体图书馆独立采购或是图书馆联盟采购，后者又有国家站点许可和集团采购两种方法。电子信息资源的迅速增加、资源价格的飞速上涨以及图书馆经费不足等原因，使个体图书馆往往难以独自承担电子信息资源的采购任务，而联盟采购凭借其采购力量较强的优势成为图书馆资源建设的主要方式。国家站点许可是由图书馆联盟支付订购电子信息资源的所需费用，联盟成员无须任何额外费用即可免费使用的资源采购方法，这一方法往往只适用于少数较普及的数据库——如中国一些图书馆联盟使用的OCLC数据库及Science数据库。集团采购（Consortia Acquisition），其英文名即联盟采购之义，它是多个图书馆按照自愿的原则组成联盟，以资金委托的方式，由采购集团负责与信息提供商特别是电子信息资源提供商进行谈判，签订有关协议，购买电子信息资源或其使用权。[①] 目前，集团采购是高校图书馆和科研系统图书馆进行电子信息资源建设的首选方案。

集团采购的运作模式决定了它是图书馆与信息提供商进行谈判的职能中心，它的主要优势在于：首先，集团采购增强了图书馆的谈判力量、竞争实力，降低了电子信息资源价格及服务价格。一般国内外的信息提供商都会给采购集团较大的折扣优惠和更好的服务与技术支持，采购集团强大的资金力量也会吸引信息提供商重视采购集团提出的要求和意见；对于各成员馆来说，这也是有效利用有限的经费进行资源购置的较好方式。其次，从信息提供商的角度来说，采购集团是一个单一的谈判对象，它不再需要与个体机构一一接触，采购集团代表各成员馆与信息提供商进行谈判，极大地节约了双方的时间。再

---

① 刘秉文：《集团采购——高校图书馆信息资源建设的必由之路》，《医学信息》2003年第10期。

次，采购集团作为信息提供商和参加采购的图书馆的中间人，为双方提供了接洽平台，促进了双方的理性沟通，增强了电子信息资源选择和提供的针对性。最后，集团采购加强了电子信息资源建设的宏观协调。采购集团虽然是一个临时性的机构，但各成员馆赋予了它合作期间的实质性职权。采购集团在综合各成员馆的需求之后，根据具体情况分摊费用、划分订购任务，实现了资源的共建、共享。

当然，集团采购也存在一些问题。由于这种采购集团是一个临时性的职能机构，它在完成一件任务后就自然解体，这种联盟合作是动态的、虚拟的，组织管理是松散的，它没有长期的战略计划，不能满足资源建设的连续性及完整性要求，也不利于对信息提供商的服务质量进行监督。费用分摊的不平衡很容易引发各成员馆之间的不满情绪——目前多数集团都是按图书馆规模、用户规模或数据库使用量为标准划分采购费用，但若单纯以"大馆多出、小馆少出""大帮小"为原则，势必增加大馆负担，引起不满情绪。而且在集团采购中首先要考虑的是采购集团的整体利益，各成员馆的特定要求和利益在一定程度上要有某些让步，在采购时间和采购内容上各成员馆都必须服从采购集团的要求，不能根据自己的特殊情况自由调整，那么对于最终用户来说，其信息需求的满意度就会受到一定的影响。集团采购在成员付款、培训等问题上也存在很多难以控制的难题，例如有的图书馆会出现错报IP地址、拖欠分摊费用、对馆员培训不到位等情况，这些问题都会增加集团采购的管理难度和工作量。从本质上说，这些问题的出现都根源于信息提供商、采购方、利用方之间及其内部的利益失衡，因此，分析解决集团采购的利益平衡策略是十分必要的。

（二）集团采购所涉及的利益方

集团采购成功的关键是其所涉及的各个部门和个体的利益平衡问题。对于电子信息资源，集团采购所涉及的各利益方比较复杂，包括信息提供商、图书馆、图书馆联盟、用户、信息产品创作者等。

信息提供商的最终目的是利润的获取。为了开拓市场，它们要了解服务对象（图书馆与最终用户）的需求。大多数信息提供商都认为，它们为图书馆提供了新的资源类型和服务方式，都希望与客户就协议内容进行详细的讨论，都愿意按客户的要求对某些条款做出让步与调整，从而尽量与对方达成满意的协议。它们希望能从采购集团那里得到更多的图书馆的信息，而并不是像我们所认为的那样唯利是图——这是许多图书馆所没有认识到的。当然，它们的最终目的是通过图书馆采购集团来促销其信息产品，向信息市场渗透，扩大市场份额。

图书馆采取集团采购的方式就是要得到最低的资源价格和最好的服务与技术支持，这是大多数参加集团采购的图书馆的美好愿望。耶鲁大学现在平均每个月都要签订两份电子信息资源的许可协议，但几乎没有一个协议能令它满意。其中一个很重要的原因在于图书馆界似乎并没有意识到它们在谈判中有争取有利条款的权利和义务（这应该不是出版商或信息提供商的责任）。尽管价格是谈判的重要内容，但图书馆真正的利益所在，应该是它们得到的信息资源与信息服务的质量。

集团采购在谈判前要解决的一个重要问题即费用分摊的问题。施普林格全文数据库中国高校集团（SLCC）是按学校规模、数据库使用量、教职工及全日制学生等量（FTF，即 Full Time Equivalent）等因素在成员中划分费用，按照"大馆多出、小馆少出"的原则，实现大馆帮助小馆和资源共享。这种模式更有利于经费不足的小馆，但也增加了大中型图书馆的负担，可能会引发一些图书馆的不平衡情绪。而且集团采购在采购内容和采购时间上，各成员馆的要求并不完全一致，要使所有的成员馆都满意是不可能的。虽然集团采购的基本原则是自愿参加，但成员馆越多，成本就越低，效益也越好。只有协调好采购集团内部的利益,才能吸引更多的图书馆加入,这是提高集团采购特别是电子信息资源集团采购经济效益的重要途径。

从读者的角度来看,集团采购特别是电子信息资源集团采购的成功,是以资源价值的实现为标志,而资源价值的实现以资源的充分利用为前提。因此,采购集团与信息提供商的谈判必须在分析用户需求的基础上进行。现代技术与知识环境使用户需求在内容和层次上都在不断地发展、深化。采购集团与信息提供商在制定策略时应注意用户的基本需求及其发展变化,做出需求预测,在采购中予以反映。要满足用户需求必须解决电子信息资源的可获得性和可利用性问题,电子信息资源的合理使用范围以及用户的合理范围也是考虑用户利益时必须要注意的问题。

另外,无论是纸质资源还是信息资源,其使用都要涉及作品创作者的利益。在网络环境中,信息资源的传播利用范围几乎是可以无限延伸的,如果没有法律法规的保护,作品创作者的劳动成果将尽为信息服务机构和信息提供商所占据,甚至有的作品创作者只能得到很低的版税,其应得利益几乎全部不能实现。集团采购必须考虑与知识产权相关的问题。现有的许可协议在允许存取、复制信息资源方面的规定远没有《著作权法》严格,侵犯著作权的案件时有发生,这不仅危害了作者的利益,而且对图书馆及用户的资源利用也是有害的。

(三)如何平衡集团采购中的各方利益

第一,必须加强对现有实践的研究,形成良好的谈判策略。许可协议是一种具有法律效力的协定,其界定了协议双方的目的和利益。目前的情况是,许可协议似乎具有一定的神秘性。我们知道,许多图书馆或图书馆联盟正在或已经与信息提供商进行了谈判,但我们能得到的相关文献却很少。我们不了解国内外图书馆界与信息提供商之间已签署了哪些协议,不了解这些协议的内容、执行效果及相关评价如何。现在能公开获得的有关资料多为国外同行的电子文献，但国外的经验并不完全适合中国国情。因此，中国图书馆界应加强对现有联盟采购成功个案的研究，利用已有的协议共享其成功经验（谈判策略、分析解决问题的方法等），逐步形成成熟的谈判策略、指导原则，促使采购集团能够有理有据、有条不紊地去进行成功的谈判。

第二，必须综合考虑信息提供商与图书馆的利益，建立合理的价格模式。现在的图书馆在电子信息资源的采购和使用中面临着一些传统资源采购中所没有的压力——如捆绑销售、隐性索价等问题。信息提供商为了增加收入总是在不断地寻求新市场，针对不同类型、不同规模的图书馆，尽可能提供多样化的价格模式。而图书馆开展集团采购的根本目的就是为了在保证资源质量和服务质量的前提下最大限度地降低资源价格，这样双方就产生了利益平衡的问题。目前，国内外出版商对中国图书馆基本上都采取了捆绑销售的策略——例如，施普林格全文数据库中国高校集团（SLCC）的采购形式就是各集团必须订购一套390余种的英文纸本期刊，才能获得施普林格490种期刊电子版的使用权。这样的销售策略给本来就经费不足的图书馆增加了负担，而且有些纸本资源对他们来说是没有保存价值的。采购集团应该制定相应的对策，尽量减少损失，至少要获得最大限度的优惠，这对于信息提供商来说并不是不合理的。以前信息提供商通常采用"Print-first"模式（即以印本为定价基础，电子版给予一定折扣优惠），现在有的信息提供商向采购集团提供"E-first"模式（即以资源电子版为定价基础，在此基础上对相应的印本打折），还有"E-only"模式（无论是否购买印本，电子信息资源及印本各自的价格不变），或"Print-only"模式（购买印本后，信息提供商为用户开通电子版的使用而无须其他费用）。总体上说，"E-first"模式是信息提供商与图书馆双方都可以接受的方案。对于价格，在谈判前可由信息提供商预测一个最低底价，由采购集团提出一个经过估算的最高封顶价，在这个价格范围内进行协商，以保证双方的利益平衡。

第三，成员馆间的真诚合作是集团采购利益平衡的关键。参加集团采购的各个图书馆规模不同、类型不同、服务对象不同，要求也不同。集团采购的初衷是降低资源价格、实现资源共建、共享，但"共建"不可能是平均主义的共建，采购集团分摊给各成员馆的费用必定有区别。采购集团内各成员馆应该相互理解，并站在更高的层面上去看待相关的问题，有了问题应相互理解、沟通。采购集团应在谈判中尽量向信息提供商争取比较灵活的价格方案（如按机构规模付款），同时也不应禁止各成员馆在不损害集团整体利益的前提下在信息提供商那里争取到价格或其他方面的优惠。同时，还要加强对各成员馆的宣传教育工作，在平衡各成员馆利益的工作中，采购集团应起到协调中心的作用。

第四，维护用户利益是集团采购的最终目标。这主要是指在进行集团采购时应充分考虑综合性资源与专业性资源、社会科学资源与自然科学资源的采购比例的平衡，以及多数用户需求与少数用户需求的满足等问题。有的信息提供商在定价方面采用将信息资源打包付费的方式，它们提供的数据库多是跨学科的，包含内容范围极广。多数图书馆愿意接受这样的数据库，但对于一些专业图书馆、小型图书馆，这样的数据库是不受欢迎的，它们不愿意也无力购买不需要的电子信息资源，这就使得一些图书馆不能加入采购集团。采购集团应与信息提供商就电子信息资源内容、规模进行谈判，尽量兼顾多数用户与少数用户的需求，在各成员馆的需求和能力上找到一个平衡点。另外，在不使信息提供商受到威胁的情况下，要努力为用户争取到对资源使用（浏览、下载、打印）的最大权限。

第五，必须关注知识产权。要意识到，保护作者的利益是不可回避的环节。在许可协议中，应该制定在资源利用问题上对作者利益加以保护的有关条款。在资源使用权限上，不仅要考虑用户、信息提供商的利益,而且要考虑作者利益的维护。在使用权限上要尊重作者版权,要注意《著作权法》有关合理使用的规定,避免法律纠纷的产生。

总而言之,中国的国情比发达国家要复杂得多,在集团采购中所涉及的问题解决起来也困难得多,直接采用国外的成功模式是不现实的。必须加强对中国集团采购特别是电子信息资源集团采购实践的分析及理论研究,从中国国情出发,借鉴国外的成功经验,探索出一个适合中国国情和技术环境的图书馆信息资源建设模式,促进中国信息资源的共建、共享。

四 高校图书馆电子信息资源合作管理

2007年12月26日,中华人民共和国新闻出版总署在《电子出版物出版管理规定》中将"电子信息资源"定义为:"以数字代码方式将图文声像等信息编辑加工后存储在磁、光、电介质上,通过计算机或者具有类似功能的设备读取使用,用以表达思想、普及知识和积累文化,并可复制发行的大众传播媒体。媒体形态包括软磁盘(FD)、只读光盘(CD-ROM)、交互式光盘(CD-I)、照片光盘(Photo-CD)、高密度只读光盘(DVD-ROM)、集成电路卡(IC Card)和新闻出版署认定的其他媒体形态。"[1] 在网络环境下,电子信息资源还应当包括网络信息资源。在图书馆界,人们认为电子信息资源是指以计算机技术、网络通信技术为基础,集电子型文献(如磁盘、光盘、网络信息等)阅览、咨询、培训、服务为一体的现代化多功能资源。电子信息资源的功能是依据高校图书馆电子信息资源的定位、目标以及信息资源拥有状况而确定的电子信息资源服务活动的核

---

[1] 中华人民共和国新闻出版总署:《电子出版物出版管理规定》,http://www.gapp.gov.cn/cms/html/21/397/200803/456760.html。

心内容。随着国际互联网和信息技术的迅速发展，电子信息资源因其内容丰富全面、更新快、易存取、统计管理简便有效等优点成为高校图书馆信息资源建设的重要组成部分，它逐渐改变了图书馆的馆藏资源结构、信息资源管理和服务模式，成为现代高校图书馆建设和发展的必备物质基础。随着电子信息资源数量、类型、价格的迅速增长，如何用有限的购置经费选择恰当的资源，如何加强电子信息资源的科学管理越来越成为高校图书馆急需解决的重要问题。

自20世纪90年代以来，电子信息资源逐渐被高校图书馆引进并迅速发展成教学和科研的重要信息源。如果按文献类型划分，现代高校图书馆的电子信息资源，主要包括数据库建设模式的电子图书、电子期刊、会议文献、专利文献、标准文献、学位论文、教学软件、馆藏书目、特色资源等，还包括磁带、光盘、视听类的声像制品等。如果按数据库来源划分，则包括购买的数据库、自建数据库和免费网络资源。通过采购引进的数据库是高校图书馆开展电子信息服务的主要资源，但数据库产品高昂的价格往往使个体图书馆无法负担，在这样的背景下，集团采购成为高校图书馆电子信息资源建设的主要方式。1998年中国高等教育文献保障系统（China Academic Library & Information System，简称CALIS）组团购买了Ei Village数据库，成为中国高校图书馆对电子信息资源集团引进的开端。截止到2007年5月，该系统共组织了72个集团（包括新组6个集团，停办1个集团，合并2个集团）以便开展集团采购。全国共有964个高校和科研机构、3769个馆次参加了该系统集团采购，其中包括621个高校、3663个馆次参加了该系统国外电子信息资源的集团采购。[①] 2011年8月10日，"教育部CALIS、CADAL西藏自治区服务中心"成立，西藏七所高校图书馆已成为其成员馆。但目前，各图书馆的电子信息资源采购

---

① 杨毅：《CALIS组团引进电子资源的发展和评估》，http：//202.115.54.30/CALIS/attach/20070515/01.pdf。

和管理仍属于个体行为,在中外文数据库的引进过程中不仅要面对资金和谈判的困境,同样也要遭遇管理和服务过程中的成本、技术难题。地处边远地区的西藏高校图书馆有必要构建一个电子信息资源合作管理体系,促进各馆信息资源交流与共建、共享,为西藏教育和科技的发展提供更好的信息服务。

(一) 西藏高校图书馆电子信息资源现状分析

西藏拥有七所高校,包括西藏大学、西藏民族大学、西藏藏医学院、西藏农牧学院、西藏警官高等专科学校、西藏职业技术学院、拉萨师范高等专科学校。其中西藏民族大学地处陕西咸阳,是西藏在内地兴办的唯一一所大学。在西藏境内六所高校中,西藏大学是西藏进入"211"工程的重点大学,也是中国高等教育文献保障系统(CALIS)西藏地区中心馆。

首先,西藏高校图书馆的电子信息资源建设仍处于初步发展阶段,总量不足、拥有量不均衡是最突出的问题。西藏大学、西藏农牧学院、西藏民族大学和西藏职业技术学院的图书馆尚有自己的门户网站,能够提供较为丰富便捷的电子信息资源服务。西藏藏医学院的图书馆则没有独立网页,只是其校园网主页有文献资源服务的链接,可以提供图书馆简介、图书书目数据库部分内容的查询服务。据统计,西藏地区高校图书馆电子信息资源数据库总量虽达百余TB,但与内地其他地区相比,甚至不及一所重点高校的电子信息资源拥有量。同时,这样有限的资源也仅仅是集中分布在西藏大学、西藏民族大学和西藏农牧学院等几个图书馆,资源分布极端不均衡。西藏大学是"211工程"重点建设大学、西藏自治区人民政府与教育部共建高校,该校图书馆在资金和技术上有远远高于其他院校的优势,电子信息资源存储量达70TB。西藏民族大学则是西藏在内地兴办的唯一一所大学,建校早,办学经验丰富,该校图书馆在1999年购置了光盘版

《中国人民大学复印报刊资料》和《中国学术期刊》全文数据库，2000年建立了电子阅览室，2001年实现了图书馆局域网和国际互联网的顺畅联通，是西藏较早能提供电子信息资源服务的高校图书馆，目前电子信息资源存储量达30TB。西藏农牧学院图书馆新馆于2006年5月开馆，设备和技术手段先进、管理到位、服务水平和服务质量较好，目前电子信息资源存储量达38.5TB。而其他几所高校，由于本身经费有限，面对昂贵的电子信息资源，凭一己之力完全无法实施，根本无法为读者提供服务。

其次，外文电子信息资源的缺乏是西藏高校图书馆存在的普遍问题。除西藏大学图书馆外，其他各馆都没有购买外文数据库。西藏大学图书馆和西藏民族大学图书馆尚可提供Emarald回溯数据库和SAGE回溯期刊数据库导航服务。

西藏高校图书馆，自加入中国高等教育文献保障系统（CALIS）以后，上述情况有所改善。目前各成员馆可以利用中国高等教育文献保障系统（CALIS）、国家科技图书文献中心（NSTL）和上海图书馆的文献传递服务获取外部资源。西藏民族大学图书馆还利用多种渠道提供外文信息资源服务——如与中国高校人文社会科学文献中心（China Academic Humanities and Social Sciences Library，简称CASHL）签订协议，读者可以直接从中国高校人文社会科学文献中心（CASHL）获得人文社科外文期刊的文献传递服务；此外，还可以利用对口援藏院校的无偿帮助获取信息。西藏农牧学院图书馆现阶段提供两个外文试用数据库的使用，一是自建外文数据库试用库（挂在超星电子图书数据库里），二是中图外文电子图书数据库（试用）。通过以上分析可以看出，西藏高校图书馆有为用户提供较高层次信息服务的强烈愿望，它们想尽办法尽可能开辟外文资源获取渠道，但由于外文数据库高昂的购买和维护费用，西藏高校图书馆目前极度缺乏这类资源。虽然文献传递解决了部分需求，但获取原文的时滞、读者检索习惯不适应等因素仍然导致外文信息需求无法及时得到满足。建设自己的实体馆藏是满足西藏高校图书馆信息服务水平的迫切需要。

最后,电子信息资源重复采集浪费了有限的人力物力,这是西藏高校图书馆亟须解决的重要问题。在几所拥有外购数据库的西藏高校图书馆中,有三所选择了中国知网(China National Knowledge Infrastructure,简称 CNKI)数据库、万方数据库和超星电子图书数据库也各被四所西藏高校图书馆购买。由此可知,西藏高校图书馆已购电子信息资源的重复率较高,并且都是各自单打独斗,在试用、谈判、购买、维护的过程中势必存在各类资源的浪费现象。

但我们也应该看到,各类数据库的引进不仅丰富了西藏高校图书馆资源,也促进它们不断改进服务手段,使得它们可以利用现代化设备和技术为读者提供深层次的知识服务。据统计,2012 年 11 月西藏农牧学院图书馆,其主页点击次数共 60464 次;中国知网(CNKI)数据库访问次数共 149219 次(日均 4974 次),其中登录 3651 次,导航 1913 次,检索 91679 次,浏览 21554 次,下载 30422 篇(日均 1014 篇)(含远程访问);超星电子图书数据库共点击 1269 次(日均 42 次),阅览和下载图书共 1426 册(日均 48 册);自办视听资料点击次数 71740 次,节目流量约 6.2T。[①] 西藏民族大学图书馆自 1999 年以 5 台计算机起家,经过多年努力到目前已逐步发展为文献类型多样化、各项业务管理自动化、信息服务网络化的文献信息中心,可为读者提供馆藏书目数据查询、在线咨询、数据库访问、电子信息资源浏览下载、个性化服务、文献传递、多媒体教学课件交流、FTP 服务、Web 服务、VOD 视频点播等服务,读者能快速获取各类文献信息资源。

电子信息资源目前已经成为西藏高校用户的主要信息源,也是图

---

① 西藏农牧学院:《图书馆十一月份流通情况及电子资源利用情况通报》,http://202.98.244.2:8000/library/News_ View. asp? NewsID = 1101。

书馆信息服务的重要内容，其检索灵活、获取便利、检索结果处理简单等特性使其深受西藏高校广大师生的欢迎。

为了更好地开发利用馆藏资源，西藏高校图书馆也很重视自身数据库建设。实现业务自动化的西藏高校图书馆基本都有自己的馆藏书目数据库。此外，西藏民族大学图书馆以藏学文献资源为发展重点，自建了"藏学专题全文数据库""藏学文献书目数据库""藏学文献索引数据库""馆藏藏学图书全文数据库"，还拥有该高校的硕士论文数据库。西藏大学图书馆建立有"西藏学"特色数据库和科学研究专题数据库。西藏农牧学院图书馆自建了视听资料库、学位论文库。但总体来看，西藏高校图书馆自建数据库数量和品种较少，说明自建资源和特藏资源建设还有很大不足。这跟西藏高校图书馆的经费、人员素质和数字化发展水平有很大关系。自建数据库应是西藏高校图书馆电子信息资源的建设重点之一。

（二）西藏高校图书馆电子信息资源的合作管理

改变观念，树立共建、共享的合作发展理念，是解决西藏高校图书馆电子信息资源"重复建设、总量不足、分布不均"问题，实现电子信息资源共建、共享的重要一步。1998年6月，兰州—西宁—拉萨的电信一级光缆干线开通，标志着西藏信息化建设正式起步，经多年努力，西藏国际互联网业务出口总带宽已超过5G。西藏的七所高校除了林芝地区的西藏农牧学院和陕西咸阳的西藏民族大学，其他五所都在拉萨，只要资金到位，都有能力依托网络开展信息服务。除了西藏高等警官学校和拉萨师范高等专科学校，另外几所高校图书馆努力建设自己的门户网站（西藏藏医学院图书馆在校园网主页提供嵌入式服务栏目）——当然，这些图书馆电子信息资源的组织管理都是以个体为单位进行。网络的普及为西藏地区电子信息资源共建、共享的实现提供了技术条件，作为馆藏的重要组成部分，电子信息资源的合作发展对推动西藏文献资源保障体系的建设至关重要。

要实现区域间电子信息资源共建、共享，就必须要有一个权威性的组织机构统筹规划、组织协调。2002年西藏自治区图书馆学会成立——但它只是一个区域性、公益性、学术性的群众团体，对于电子信息资源共建、共享过程中涉及的诸多管理、技术和利益问题无法解决。2011年8月，中国高等教育文献保障系统（CALIS）在西藏设立了服务中心，西藏大学图书馆成为中心馆，其他六所高校的图书馆都已为成员馆。作为中国高等教育文献保障系统（CALIS）西藏地区中心馆，西藏大学图书馆承担了协调西藏高校图书馆之间关系的责任，统筹规划西藏高校图书馆文献信息资源共建、共享。

节省资金、降低风险、减轻谈判负担是集团采购的天然优势，联盟合作是购买数据库的首选方案；同时，区域性集团采购还有利于条件较差的中小型图书馆获得与大型馆同样的电子信息资源，可以有效地促进各成员馆之间的合作，推动区域性电子信息资源保障体系的建立。中心馆在组织集团采购时，要进行统一规划，制定合理灵活的费用分担模式，根据各馆馆藏发展需求确定组团采购计划，坚持自愿参加、平等互利、共建共享的原则组织引进资源，尽量避免利益冲突和资源重复。对选中的电子信息资源要进行不少于三个月的试用，对相关统计数据要进行科学的分析和评价，结合用户反馈意见，做出正确的采购决策。对已购买的数据库，要定期统计相关数据，分析利用效率，决定发展规划。

对于自建数据库，要对资源分布、各馆特色和用户需求进行调研，坚持统筹规划、分工协调的原则，避免重复建设。首先，要考虑西藏高校重点学科的资源建设。例如，藏学研究是西藏民族大学的重点学科，其图书馆收藏的藏学文献比较完整，目前已有"藏学专题全文数据库""藏学文献书目数据库""藏学文献索引数据库""馆藏藏学图书全文数据库"等自建库，可以在此基础上整合西藏高校图书馆的藏学资源，继续完善发展藏学特藏库的品种和规模。其次，要注重数据库建设的统一性原则，对于馆藏书目数据库，虽然各馆自动化系统不同，但应有统一的元数据集和 MARC 格式，对于专业特色数据库和特藏数据库要有统一的标引深度。最后，对于重点专业，西藏高校图书馆最好能建立本馆馆藏的全文数据库。

外文电子信息资源是借鉴国外科研优秀成果、研究方法和管理经验的资源保障，是高校图书馆馆藏建设的重点。西藏大学图书馆引进了外文数据库，但目前还有一些西藏高校图书馆没有购买外文电子信息资源。造成这种情况的主要原因有三：一是经费不足；二是各馆用户基础信息素养较差，此类信息需求少；三是图书馆资源建设规划得不科学。丰富的学术资源是高校教学和科研稳定持续发展的基础，仅仅依靠文献传递无法真正满足读者的外文信息需求，西藏高校图书馆有必要在统筹规划的基础上合理引进常用外文数据库，丰富馆藏。高校图书馆数字资源采购联盟（Digital Resource Acquisition Alliance of Chinese Academic Libraries，简称 DRAA）是由中国部分高等学校图书馆共同发起成立的，该"联盟的宗旨为：团结合作开展引进数字资源的采购工作，规范引进资源集团采购行为，通过联盟的努力为成员馆引进数字学术资源，谋求最优价格和最佳服务"。① 2010 年 5 月 11 日，中国高等教育文献保障系统（CALIS）管理中心副主任、北京大学图书馆馆长朱强在中山大学研讨会上正式宣布："中国高等教育文献保障系统（CALIS）将不再承担引进资源集团采购的组织工作，取而代之的是成立高校图书馆数字资源采购联盟，今后将以集团的名义采购海外数字资源。"② 此前中国高校图书馆海外数据库的购买一般

---

① 高校图书馆数字资源采购联盟：《高校图书馆数字资源采购联盟（DRAA）简介》，http：//www.libconsortia.edu.cn/Spage/view.action? pagecode = gylm。

② 网易新闻：《中国成立高校图书馆数字资源采购联盟》，http：//news.163.com/10/0512/09/66FM474M000146BC.html。

都是通过中国高等教育文献保障系统（CALIS）的集团采购，1997年至今，该系统共组织了近450场海外资源引进活动，使各大高校教学科研人员在第一时间准确地了解到国际前沿动态，跟踪和把握国际科研发展趋势，不断提升教学科研水平。西藏高校图书馆过去没有参加过中国高等教育文献保障系统（CALIS）的集团采购，现在也没有一个是高校图书馆数字资源采购联盟（DRAA）的成员馆。应尽快加入高校图书馆数字资源采购联盟（DRAA），特别是要积极参与优秀外文数据库的集团采购，节约资金，丰富资源。

  馆藏和网络资源不能完全满足读者的各类信息需求，但文献传递服务弥补了这一不足。中国高等教育文献保障系统（CALIS）和中国高校人文社会科学文献中心（CASHL）致力于信息资源共知、共建、共享，并对西藏给予了最大限度的支持。通过中国高等教育文献保障系统（CALIS）西藏自治区服务中心和中国高校人文社会科学文献中心（CASHL）的文献传递服务，西藏高校图书馆用户可免费获取所有成员馆的原文传递服务。此外，读秀知识库和超星数字图书馆也提供此类服务。西藏高校图书馆在加强文献传递员技能培训的同时还应对读者加强文献传递的宣传和培训，更好地发挥资源共享的效用。

  学术出版的高度垄断造成了数据库价格不断上涨，而西藏由于历史和自然等方面的原因，经济、文化、教育、科技等一直处于不发达状态。相对于内地高校，西藏高校图书馆的发展经费更是有限，要想弥补资源的不足，争取政府扶持是必要手段。政府财政投入是西藏高校图书馆的主要经费来源。西藏高校图书馆应当通过召开会议、申请项目等一些方式引起相关部门对电子信息资源建设的重视，争取更多的经费投入。同时也要通过宣传吸引捐助，拓宽资金来源。西藏高校图书馆间还要加强馆际交流，互通有无。同时争取对口援藏高校的资源支持，增加电子信息资源服务的内容。这种交流与合作可以是以网络为平台开展文献传递服务，也可以是提供有专人负责的校外合法用户访问权限，保证电子信息资源提供方的信息安全。

　　宣传推荐工作是提高电子信息资源利用率和激发读者信息需求的重要手段。西藏高校图书馆的信息用户因所处环境的相对闭塞，对许多数据库不了解、不熟悉，因此缺乏对于信息需求表达和信息获取方法的掌握。西藏高校图书馆可以通过印发宣传资料、网上通告、数据库培训、在线咨询、学科馆员主动推荐、在主页提供免费资源链接、文献检索课等方法开展全方位宣传推荐工作，使用户了解馆藏电子信息资源的内容，掌握各类资源使用方法，了解西藏高校图书馆可以提供的各类信息服务。西藏高校图书馆要及时收集反馈信息，通过分析研究，有针对性地改进电子信息资源的管理和服务。西藏高校图书馆还要向读者宣传遵守网络道德，了解数字化知识产品的法律保护，避免用户违规操作和恶意下载，避免法律纠纷的产生。①

---

① 本部分内容数据统计截止到2013年初。

第二章

文献信息资源共建、共享

随着中国信息化、网络化水平和需求的不断提高,任何一个图书馆都无法依托自有馆藏资源和服务来完全满足用户种类繁多的多元化、个性化信息需求,因此,以区域联盟的形式构建文献信息资源共建、共享服务体系已成为中国图书情报事业发展的必然趋势。开展区域性纵向合作,是节约单一图书馆的运行成本,提升西藏高校图书馆整体运行效率的有效途径。多年来,西藏高校图书馆本身一直有着构建图书馆资源共建、共享与服务联盟的美好愿景,但从目前的实际情况来看,西藏高校图书馆间仍然存在着各自为政的状况,馆与馆之间关系松散,资源与服务的整合没有实质性的进展。因此,有必要借鉴成功经验,深入分析研究文献信息资源共建、共享与服务联盟的特征、模式、建设内容以及发展的保障措施,促进西藏高校图书馆文献信息资源共建、共享与服务联盟走上可持续发展的道路。

芬兰国家电子图书馆(FinELib)可以说是从高校图书馆联盟—区域图书馆联盟—国家图书馆联盟逐步发展起来的文献信息资源共建、共享体系,它的成功经验确认了实现高校图书馆联盟建设的重要性,也为文献信息资源共建、共享的未来发展描绘了美好前景。

一 芬兰国家电子图书馆——区域图书馆联盟建设的成功典范

网络的发展使图书馆面临的信息环境发生了极大的变化，图书馆在整个信息系统中的地位和功能都面临着许多压力。为了适应网络环境的需要，图书馆领域大多选择以联盟合作的形式实现资源与服务的共建、共享。芬兰是一个信息化程度较高的国家，芬兰国家电子图书馆是芬兰国家级的数字图书馆联盟，它从高校图书馆联盟起步，逐渐发展成为芬兰科研、学习、高等教育基础设施的一个重要组成部分。目前，它已与芬兰大学和科研网络（FUNET）、芬兰科学信息技术中心（CSC）提供的超级计算机服务和专业数据库服务、国家公民身份认证系统、虚拟大学和虚拟理工院校的信息服务一起构成了芬兰国家科研教育基础设施，在芬兰知识型社会的发展过程中发挥了极为重要的作用。芬兰国家电子图书馆的成功经验值得中国数字图书馆联盟借鉴。

（一）芬兰国家电子图书馆概况

1. 历史沿革

现代科技的发展使教育和科研的环境与方式方法都发生了极大的改变，芬兰国家电子图书馆计划正是为了改善芬兰高等教育、科学研究和社会学习的环境，增加芬兰全国范围内高质量信息资源的数量而开展起来的。芬兰教育部于1997年成立了一个工作组，负责规划芬兰电子图书馆（Finnish Electronic Library）计划，同年该计划开始实施，1999年初步完成。2000年，该计划成为赫尔辛基大学图书馆（即芬兰国家图书馆）的一个永久性工作。在最初几年，芬兰国家电子图书馆计划在建设目标的许多细节方面进行了研究和确定，并形成了主要的指导方针，这包括许可协议基本原则、资金分配原则、信息资源选择原则、发展计划及合作原则等。2001年芬兰电子图书馆联盟（FinELib Consortium）正式成立，并出版了一份说明联盟工作程序和主要责任的声明。在1997—1999年间，联盟成员主要是芬兰各个大学。到2001年5月，该联盟已有97个成员，包括芬兰所有的大学、理工学院、地方图书馆及一些科研机构。

近年来，芬兰国家电子图书馆所拥有的许可协议和联盟成员数量都有了很大增长。截止到2003年，它已拥有了600种外国科技期刊、90个参考咨询数据库、大量的法律信息资源、词典及其他网络信息资源。

2. 组织模式

芬兰国家电子图书馆的主要资金提供者是芬兰国家电子图书馆联盟、芬兰教育部、国家重点发展项目、图书馆联盟国际共同体（ICOLC）、出版商和信息提供商及与IT发展有关的一些机构和项目。

芬兰国家图书馆负责芬兰国家电子图书馆计划的实施，芬兰科学信息技术中心与芬兰国家图书馆联合负责技术问题的解决。芬兰国家电子图书馆下设一个指导委员会，该委员会由大学、高校、理工学院、科研机构的图书馆、国家图书馆、教育部等单位的人员组成。

芬兰国家电子图书馆联盟由高校、理工学院、由政府提供经费的研究机构以及这些单位的图书馆、地方公共图书馆组成，共有102个成员单位，每个单位都有专门负责对外合作的部门。芬兰国家电子图书馆除了进行国内合作活动，还积极开展与北欧各国的合作，不仅促进了芬兰信息资源共建、共享的发展，也促进了北欧各国及国际图书馆间的合作，这些合作活动的开展也影响了芬兰一些出版商的信息资源定价模式和授权政策。

3. 服务方式

芬兰国家电子图书馆的用户主要是联盟各成员图书馆，而各个图书馆为最终用户提供服务。芬兰国家电子图书馆为联盟提供的整套服务的主要目的是满足联盟成员的需求，其角色分工非常明确。它的主要服务内容有：授权许可服务；许可协议谈判；为联盟成员开具发票（信息提供商为芬兰国家电子图书馆开具购买资源的发票，芬兰国家电子图书馆按有关规定在联盟成员间分摊这笔费用）；年度费用的估算、组织，帮助联盟成员做出年度预算；网络协议维护，签订合同，资源价格信息提供；与出版商和信息提供商合作，为图书馆培训有关人员；举办专题讲座（如有关许可协议及其法律问题的专题讲座）或研讨会；为联盟成员提供各种丰富的宣传资料——宣传手册、海报、培训资料；每年组织一次用户调查，两次对联盟情况的调查，组织对芬兰国家电子图书馆的评估以改善服务、提高联盟成员及读者需求的满意度；收集整个联盟的利用统计数据，并在网上公布相关信息；编制期刊联合目录；开发门户网站并做好网站维护工作，便于用户方便地存取信息资源。

芬兰国家电子图书馆也为最终用户（即读者）提供一些服务——通过网络为全国的用户提供电子信息资源；改进信息资源管理工作，增强资源的可用性；进行用户调查，分析用户对服务的满意度；通过网络为用户提供资源信息及用户权限。同时，芬兰国家电子图书馆也为出版商提供了一个谈判平台，向他们提供芬兰图书馆领域的信息。出版商不必去跟每个图书馆或其他客户交涉，只需与芬兰国家电子图书馆的工作人员直接谈判并签订合同，由此节省了双方的时间以及人力、物力和财力。

4. 经费来源及预算分配

芬兰国家电子图书馆的资金包括来自芬兰教育部的主要资金（Central Funding）和由各个成员机构提供的自筹资金（Separate Funding）。2002年芬兰国家电子图书馆共有经费930万欧元，其中1/3是主要资金，2/3是自筹资金。芬兰教育部划拨资金的大部分被分配给各个高校，每年拨给高校的经费总额约300万欧元，其中20%被用于人员费用和发展计划，约80%被用来购买电子信息资源，但这也只能满足高校电子信息资源建设的部分需求，各高校要按芬兰大学校长委员会（the Finnish Council of University Rectors）通过的一个资金构成模式去筹措全部经费。这些经费的20%被用来购买综合性及跨学科的电子信息资源，50%被用来购买特定学科的资料。

芬兰教育部也为理工学院提供一些资金，用于购买资源、支付人员费用。公共图书馆则利用芬兰教育部提供的经费支付人员费用，并从中抽出50%作为购买欧洲设计理学（EBSCD）学士论文数据库的一半费用，但2002年后这笔经费就不再用来购买欧洲设计理学（EB-SCD）数据库了。

芬兰各个科研机构从自己的经费预算中划出部分资金用于联盟活动。据统计，2002年芬兰各大学自筹资金为430万欧元，占其全部资金的64%，芬兰国家电子图书馆划拨资金仅占36%；芬兰理工学院自筹资金56万欧元，占其全部资金的72%，芬兰国家电子图书馆划拨资金仅占28%；芬兰公共图书馆自筹资金18万欧元，占其全部资金的76%，芬兰国家电子图书馆划拨资金仅占24%；芬兰研究机构的经费全部为自筹资金，约有87万欧元。

芬兰国家电子图书馆联盟内费用分摊方法开始采用的是出版机构模式，但联盟对这一模式并不满意。2002年初，联盟成立特别工作小组，制定了一个新方案，费用分摊的主要标准是教职工及全日制学生等量（FTE，即full time equivalent）、研究人员数量及资源使用量，该方案于2003年开始实施，一直沿用至今。

（二）联盟的作用

1. 资源的选择和提供

芬兰国家电子图书馆联盟各成员按自己的需要列出所需资源清单，芬兰国家电子图书馆对这些清单进行汇总，做出一份欲购资源清单，联盟工作组对这份清单进行讨论，并决定哪些资源可以列入谈判议程。然后，由芬兰国家电子图书馆与出版商就许可使用政策及一些相关问题进行谈判，双方在价格问题上达成一致后，出版商就在其有密码保护的网页上向联盟提供信息资源。联盟采用不同的方法为成员解决各类与信息技术、信息内容、资源价格或许可协议有关的问题。通过谈判，联盟与出版商在资源使用条件及价格等方面进行协商，及时获得资源变化的信息，在成员馆或出版商之间起中间人的作用，努力平衡各方利益。芬兰国家电子图书馆采用了欧洲研究图书馆协会（LIBER）及图书馆联盟国际共同体（ICOLC）的许可使用原则，加强了对标准化服务的需求，发挥了数据统计的重要作用。

2. 用户服务与指导

芬兰国家电子图书馆为芬兰高等教育部门的教学与科研工作提供了高质量的服务保障。在资源选择上，联盟以用户需求为基础，通过用户调查了解用户对资源与服务的满意度，使投资得到增值，大大提高了资源的利用率。它所提供的信息资源和信息服务，基本满足了答疑解惑式的学习及系统化的学习。

芬兰国家电子图书馆为联盟成员提供了丰富多彩的服务内容——通过电子邮件或电话解答与信息技术有关的问题，开展网络咨询服务，为图书馆工作人员举办电子信息资源利用及专业知识培训，指导联盟成员利用芬兰国家电子图书馆的信息资源，并为他们提供各种宣传材料及调查统计数据，建立并维护门户网站，用户可通过不同途径、采取不同方式利用各类信息资源。

3. 评估方法科学，有效促进了联盟工作的改进

为了对联盟发展现状和将来的发展趋势有一个整体把握，2002年由芬兰高等教育评估委员会（FINHEEC，即The Finnish Higher Education Evaluation Council）负责组织了对芬兰国家电子图书馆的评估。评估由芬兰国家电子图书馆及其16个投资者的自我评估和一个外部评估工作组（External Evaluation Team）的评估两部分组成。自我评

估在外部评估之前进行，并在外部评估开始前向外部评估工作组提供书面评估报告，再由外部评估小组针对这些报告中的问题制订评估方案，由芬兰国家电子图书馆反复修订这个评估方案，然后进行评估，形成最终的评估报告。芬兰国家电子图书馆评估工作的主要路径是多方合作，评估依托联盟的优势，紧密联系主管部门、成员机构、投资方、图书馆馆员、高校师生及相关专业人员等，建立了一个联盟内或区域性合作伙伴关系，共同完善芬兰国家电子图书馆工作效能认证体系，通过数据统计、调查分析等，综合定量与定性测评的情况做出整体评价。自我评估有很强的针对性，第三方评估则比较客观。科学的评估工作使芬兰国家电子图书馆的工作改进更富成效。

4. 促进了国际信息机构间的合作

芬兰国家电子图书馆在芬兰国内的馆际合作、不同图书馆联盟合作以及与国际图书馆组织的合作等方面都发挥了积极的促进作用，广泛而成功的合作也是它成功的重要原因。它的合作机制在电子信息资源建设中节约了大量人力、物力和财力，实现了科技类电子信息资源的广泛存取，使芬兰科研、教育机构可以共享全球的信息资源以及新颖的教学材料，从而改善了虚拟学习环境，也改善了芬兰的信息资源结构，加快了芬兰社会信息化的进程，促进了与国际图书馆界的交流。同时，它的成功也提高了芬兰各图书馆及信息服务的社会地位，国际图书馆界对芬兰国家电子图书馆的成功给予了高度的肯定。但从长远角度看，芬兰国家电子图书馆不应仅仅定位于促进芬兰社会信息化的发展，而应重视技术的进步，为联盟成员及广大普通用户提供更多选择（包括对信息内容的选择和信息服务的选择）的机会。

（三）芬兰国家电子图书馆对中国图书馆联盟建设的启示

1. 图书馆联盟合作是图书馆共建、共享发展的必由之路

现阶段，中国不同区域已相继组建了 12 个具有区域代表性的图

书馆资源共建、共享与服务联盟,并通过实际的运行取得了一定的区域影响力和公信力,然而其发展程度却并不十分理想。①

高校图书馆联盟建设经过多年发展也取得了一定的成就,中国高等教育文献保障系统(CALIS)、国家科技图书文献中心(NSTL)、中国数字图书馆联盟等通过资源与服务的共建、共享为高等教育提供了信息资源保障。但中国的图书馆联盟仍处于初创阶段,信息的公共获取仍然存在一定的障碍。中国应加快网络环境下综合性、专业性、地区性、全国性等各类联盟的发展,推进图书馆事业的发展,推进中国社会信息化进程。

2. 制定联盟战略计划

战略计划是联盟发展的总指导方向,是联盟顺利发展的保证。在计划中,应确定联盟发展目标,分析将来的机遇和挑战,对信息需求变化进行预测、分析,制订人力资源发展计划,制定与国家知识型社会发展政策相适应的联盟政策及全球信息产业化对策。

3. 建立合理的经费筹措及分配模式

国际上成功的图书馆联盟大都有稳定的经费资助机构,芬兰国家电子图书馆的经费就来自于芬兰教育部及学校和科研机构。由于图书馆联盟属于非营利性机构,获得长期稳定的经费保障是关系其生存的关键问题。图书馆联盟必须使国家有关部门及各图书馆所属机构(如高校、科学院等)认识到图书馆的重要性,认识到图书馆联盟的重要性。同时,图书馆联盟的经费分配要合理,预算要有一定的透明度。应通过评估、分析明明白白地安排经费,使有限的资金发挥出最大的作用。图书馆联盟在进行经费划分时不仅要考虑资源建设的费用,还要考虑用于图书馆联盟发展、人员培训的费用,以避免图书馆联盟发展的滞后。

---

① 赵闯:《基于联盟的区域图书馆资源与服务共享模式研究》,《图书馆学研究》2011年第2期。

4. 图书馆联盟要有正确的角色定位

角色不明则责任不清。图书馆联盟必须明白自己的角色定位，明白自己与个体图书馆、与图书馆所属机构的性质是不同的。图书馆联盟必须明确自己的责任，才能有的放矢地开展工作。图书馆联盟的主要服务对象应该是各成员馆，各成员馆的服务对象才是各类读者。图书馆联盟要树立自己的公共形象，它可与图书馆实体进行合作，激发读者信息需求，促进读者对信息资源的利用，但读者并没有必要了解图书馆联盟的具体细节。最终用户所要了解的只是他所能利用的信息服务机构可为他们提供什么样的信息资源和信息服务。

5. 图书馆联盟应建立自己的门户网站

图书馆联盟的门户网站是宣传自己的手段，也是共建、共享服务平台，是公众利用信息资源与信息服务的重要途径。这些门户网站应重视个性化服务，要吸引尽可能多的用户利用联盟资源。图书馆联盟要确保电子信息资源的可用性和易存取，在网站建立和维护上投入一定的资金和资源，还要注意资源描述的标准化和详细程度。

6. 开展科学的评估调研活动

积极开展用户调查和对联盟的调查，分析评估反馈信息是芬兰国家电子图书馆的成功经验之一。通过评估和调查，可以及时获得反馈信息，辅助决策；可以了解用户需求变化，改进服务；可以提高联盟地位，发现不足并促进联盟建设。要成立涵盖联盟内外机构或专业人员的评估主体，对联盟、联盟成员、读者进行全面的调查，调查问题设计要注意问题的确切表达并且要有针对性。

7. 资源建设的平衡问题

芬兰国家电子图书馆在资源建设上偏重于纯科学和基础科学领域，它的信息包（Package）多是综合性的，而社会科学、人文科学及工程学、应用科学的内容就很有限，这就造成一部分信息需求不能得到满足。图书馆联盟在资源内容建设中应以多数用户为主，同时兼顾少数用户，尽量平衡他们的需求。在资源采购中要注意信息打包问题，因为信息包的内容范围往往很广，大多数图书馆都愿意购买这样的信息包，但也有些图书馆特别是小图书馆负担不起昂贵的费用，它们也没有必要购买包含在信息包中它们所不需要的电子信息资源，联盟在与出版商的谈判中应注意这类问题。

二 民族地区文献信息资源共建、共享的意义

中国是除汉族外拥有55个少数民族的统一的多民族国家，据2010年第六次全国人口普查统计，各少数民族人口总数占全国人口的8.49%。民族自治地方面积占全国总面积的64%。仅以川滇青甘藏等藏族聚居地区为例，高等教育普通本、专科学生在校生人数已占全国同类人数的9.8%，在校研究生人数占全国同类人数的8.2%，[1] 全国藏族大学专科以上人口已占到藏族6岁及以上人口总数的5.4%，[2] 藏区和藏族高等教育水平有了显著提高。国家对西藏高等教育的高度重视，极大地推进了西藏高等教育的发展。在数字化、网络化时代，信息化水平是制约民族地区经济和社会发展的主要因素之一。实现民族地区文献信息资源共知、共建、共享，构建民族地区信息资源保障体系，对提升区域信息化水平，实现少数民族地区经济、文化和社会的全面发展具有重要的战略意义。

---

[1] 中华人民共和国教育部：《2016年教育统计数据》，http://www.moe.gov.cn/s78/A03/moe_560/jytjsj_2016/2016_gd/。

[2] 中华人民共和国国家统计局：《中国2010年人口普查资料》，http://www.stats.gov.cn/tjsj/pcsj/rkpc/6rp/indexch.htm。

（一）有利于提高民族地区信息资源拥有率和文献保障率，为民族地区信息化水平的提升和区域性经济、社会的全面发展提供信息保障

与其他地区相比，民族地区的社会经济发展水平一直处于相对落后的状态，除了历史和自然等方面的原因，其中一个重要的制约因素就是信息资源占有量不足和交流不畅，各地区信息化水平严重落后于内陆省份。例如，多年来，云南和西藏一直处于信息化水平全国排名的落后位置。随着数字化、网络化的发展，信息资源在人类文明的发展进程中已经成为科学发展、经济发展和社会进步的基础，实现民族地区图书馆文献信息资源共知、共建、共享将使有限的资源得到合理的优化配置，缓解信息资源分布不均状况，有效提高民族地区信息资源拥有率和文献保障率，满足民族地区科学教育、文化事业及经济发展对文献信息资源日益增长的现实需求，促进科学交流，加快民族经济的跨越式发展。

树立正确的发展理念是实现民族地区图书馆文献信息资源共知、共建、共享的重要前提。虽然在理论上，民族地区图书馆界有着资源共建、共享的共同意愿，但在实践中，本位主义、保守主义仍束缚着资源共享的深入。作为民族地区信息资源建设和服务中心的图书馆必须从战略高度认识文献资源共知、共享对推进民族地区信息化水平、加快民族地区经济和社会全面发展的重要意义和作用，树立开放、合作、长远、全局、创新和知识服务的崭新理念。

依托成熟的资源保障体系，走联盟合作的发展之路是民族地区图书馆为区域教育、科研工作提供学术资源保障的重要实现路径。民族地区图书馆个体差异性大，省级公共馆、重点高校图书馆和科研系统图书馆一般发展较早，自动化及资源建设水平较高，有些大中型图书馆还参加了不同形式的共建、共享体系，发展水平不逊于发达地区的大中型图书馆。而边远地区公共馆、专科院校图书馆在馆藏建设、基础设施、信息技术、人员素质等方面差距较大,有的甚至仍处于传统手工服务阶段。民族地区除经济文化中心城市的图书馆较集中外,其他边远地区图书馆大多地理位置分散,这种区域内的差异性决定了民族地区信息资源共建、共享的特殊性。民族地区图书馆可以依托国家级信息资源保障网络,采取多层次的综合组织模式实现信息资源共知、共建、共享。例如,2003年,西藏开始了"全国文化信息资源共享工程"子平台"西藏文化信息资源共享工程"的建设,到2009年,已完成文化信息资源共享工程21个县支中心的建设任务,进一步推进了该地区信息资源保障体系构建的进程。中国高等教育文献保障系统(CALIS)是中国高等院校文献资源共建、共享的成功典范,民族地区大部分高校图书馆已经成为中国高等教育文献保障系统(CALIS)的成员,借助中国高等教育文献保障系统(CALIS)所提供的平台,实现了协调采购、联机合作编目,建立起了自己的文献传递与馆际互借系统以及统一的检索平台,形成了较为完整的外文文献信息服务网络。依托这些成熟的资源保障体系,民族地区图书馆可在协调机构的统筹规划下,走逐步发展的联盟合作之路,根据各馆地理位置、服务重点、资源和技术条件,先实现同一系统或相邻较小区域内不同类型图书馆间的合作,再进行较大区域内的联合。

(二)有利于提供民族文化传承的资源保障

中国许多少数民族地区历史悠久,文化遗产丰富,拥有多姿多彩的民族文化资源和丰厚的地方文献,但却普遍存在着经济落后、文化开发力度薄弱、信息资源稀缺、重要民族文献收藏不全面、缺乏系统性和一贯性等问题。民族地方文献学科庞杂,布局分散且不规范,实现民族地区图书馆文献信息资源共知,将有助于了解民族文献资源的分布和收藏情况,拓宽资源采集渠道,根据各馆特色和能力全方位开展民族文献采访、联合编目、文献传递、数字化、长期保存和咨询服务的协作协调工作，使民族文化的智慧结晶得到系统、完整的收藏和服务。随着信息和网络技术的发展，民族地方文献亦呈现出多样化特征，从载体形态看有传统纸质手写文献、印刷文献、光盘、数据库和虚拟的网络资源等；从语言文字看，有汉文版文献，也有各具特色的民族文字文献。实行资源共建，有利于各类型资源建设和检索的标准化，能够提高民族地方文献馆际互借、文献传递和长期保存的有效性，为民族文化的传承提供资源保障。

文献资源共享的前提是共知，但民族地区图书馆采用的自动化系统大多不同，且几乎没有联合编目和馆际互借的功能。成立地区性联合编目机构，加强标准化建设，统一信息加工、记录、检索、传递和质量控制标准，开发民族地区乃至全国的联合目录，这是读者获知信息资源内容特征和收藏特征的主要渠道，也是民族地区图书馆提供联合采购、馆际互借和文献传递服务的保障条件。

加强民族文献资源数据库建设，突出民族地区特色资源的保存和开发利用是为民族文化传承提供资源保障的重要工作。民族文献信息资源是民族地区信息资源共建、共享保障体系的重要组成部分，它包括地方文献、民族文献、民族文字文献、科研成果、学位论文等。民族地区图书馆要严格遵守相关法律法规，在尊重知识产权的前提下通过统一规划和协作协调，建设好民族文献书目索引数据库、民族文字文献数据库、民族地区特色资源数据库，加强数据库的标准化、规范化建设，形成具有民族特色的文献资源保障体系，实现民族地区特色资源的长期保存和开发利用。

（三）为民族地区学术研究的科学发展提供资源保障

外文文献资源是借鉴国外科研优秀成果、研究方法和管理经验的资源保障。中国民族地区图书馆由于经费、技术、基础设施及人员素质等原因，外文文献资源建设和服务远远不能满足实际需要。近年来，国家对一些民族地区重点馆加大了援助力度，这在加强民族地区图书馆资源建设的同时，也造成了同一民族地区各图书馆在文献资源收藏上的差距。实现民族地区图书馆资源共知、共享，有利于加强图书馆间的合作——可以通过集团采购增强外文文献资源的购买能力，避免重复建设和资金浪费；可以依托网络，开展外文文献文摘和全文的传递服务，提高外文文献资源的利用率；可以加强民族地区学术规范，提高学术研究水平，引导学术发展方向。

芬兰国家电子图书馆的成功实践展示了高校图书馆联盟向区域图书馆联盟发展的可行性。相对于其他系统的图书馆来说，民族地区高校图书馆资源建设的系统性、专业性更强，也有着图书馆联盟建设的经验积累，依托高校图书馆联盟，逐步实现区域信息资源共建、共享将少走很多弯路。在建设的过程中，首先要注意对文献资源共建、共享工作实行全面规划、统筹安排，完善制度建设和政策保障，通过各成员馆的分工合作，实现资源的协同互补建设，扩大个体馆和整个民族地区图书馆的信息资源拥有率和保障率。其次要建立以互利互惠为核心的利益平衡机制，使各成员馆能够根据各自的资源投入获得相应的利益回报，激发各成员馆的积极性，从而保障民族地区文献信息资源共知、共建、共享的健康发展。再次要建立稳定而多样化的资金投入机制。在现行体制下，要实现民族地区文献资源共建、共享，必须要获得国家相关职能部门的经济和政策支持，争取政府财政部门和各行业主管部门的专项投资。共建、共享协调管理机构也可以通过内部财务管理、吸引外部投资、利用国家民族政策争取资源援助等方式拓宽资金来源渠道，实现民族地区资源共建、共享的可持续发展。最后要注意人才培养。人才培养是提高图书馆整体素质、提升图书馆知识服务水平与推进科学研究和现代化建设的关键因素。知识结构合理、信息服务能力强的高素质图书馆馆员队伍是在网络环境下实现信息资源共享的根本保障。图书馆必须重视馆员政治思想和专业技能教育，造就一支具有奉献敬业精神、现代信息服务技能和开拓创新能力的馆员队伍。民族地区图书馆要制订科学合理的人才培养计划，因地制宜、多渠道、多途径培养人才。要重视具有信息技术和相关学科知识的复合型人才的引进，要加强在职人员计算机和现代信息技术、网络技术的培训，改善其知识结构并促进知识更新，还要提供学术研究环境，注重其科研能力和创新能力的培养，以适应民族地区信息资源共建、共享活动的要求。

实现民族地区文献信息资源共知、共建、共享是提高少数民族地区信息化水平，实现民族经济和社会全面发展的重要手段，对于繁荣中国民族文化事业，增进民族团结和民族文化交流也具有重要意义。民族地区信息资源共建、共享活动存在着许多特殊性，必须加强组织层次、指导原则、管理运行机制、资源建设等方面，以及资源共建、共享具体措施、技术、模式等方面的深入研究，逐步形成具有鲜明民族特色的信息资源保障体系。

三 西藏区域信息资源共建、共享研究概况

西藏地处中国西南边陲，由于自然和历史的原因，其经济和社会发展水平一直处于相对落后的状态，与全国平均发展水平有着很大的差距。在影响西藏全面发展的诸多因素中，信息化水平低是一个重要的制约因素。知识经济时代，只有通过加快信息化建设进程，西藏才有可能在新的起点上实现跨越式、可持续的发展。区域信息化"是以开发各地区可利用的信息资源，充分发挥信息在地区经济、社会中的作用，带动地区经济发展为目标，并以区域性信息资源的共建、共享为途径来提高区域的整体信息化水平与信息化效率"。[①] 近年来，如

[①] 吴慰慈、李富玲：《区域性信息资源共建、共享保障体系建设研究》，《图书馆论坛》2005年第6期。

何实现西藏信息资源共建、共享，构建具有西藏特色的信息资源保障体系，已经逐渐成为西藏图书馆事业发展的研究重点，其研究内容也日益深入。

（一）西藏信息资源共建、共享的文献调研

分别以"西藏"和"资源共享"、"西藏"和"图书馆联盟"为主题在《中国期刊全文数据库》进行检索，截止到2009年7月，获得与研究内容相关的学术论文共十篇，其中2001年、2004年、2006年各一篇，2007年有六篇，2008年一篇。从这组数据可以看出，有关西藏地区信息资源共建、共享的专门研究起步晚、研究少，虽已开始引起学术界的重视，甚至近年来已经成为一个研究热点，但仍缺乏持续深入的研究。

在这十篇论文中，有六篇论文专门研究藏文信息资源共享，还有一篇论文以档案信息资源共享为研究内容，只有三篇论文从构建区域性信息资源保障体系的高度进行论述，研究重点有所偏颇，欠缺整体性、突破性研究。藏文信息资源共享与西藏信息资源整体性共建、共享，由于操作主体与基础条件的相同，存在着许多共性——比如制约因素、实现措施等，这一方面较为系统的研究，可以为进一步深入研究西藏地区信息资源共建、共享打下了良好的基础。藏文文献信息资源是西藏地区的特色资源和文化财富，但它只是区域性信息资源共建、共享保障体系的重要组成部分。要想提高西藏地区的信息化水平，为全面推进西藏经济和社会的迅速发展提供根本的信息资源保障，仅仅实现藏文信息资源共享是远远不够的。必须根据西藏的地域、文化、经济和民族特色建立区域性信息资源保障体系，只有这样，才能为西藏地区的信息资源共建、共享提供切实可行的保障条件。

（二）西藏信息资源共建、共享的主要制约因素

首先，在资源建设方面，最主要的障碍是缺乏资金支持，资源开

发总量不足，导致信息资源利用率和文献保障率低。经费不足、出版物价格上涨以及地理位置偏远制约着西藏地区图书馆对信息资源的收集、利用与开发，加上缺乏协作，导致文献资源购置不合理，重复建设严重。尤其是目前西藏地区各馆基本只为本馆读者服务，很少开展传统意义上的馆际互借，造成信息资源利用率和文献保障率较低。其次，是数据库建设状况欠佳。特色数据库建设是在网络环境下信息资源共享的基础。学者更尕易西认为，藏文信息数据库存在的问题，一是各藏文文献图书馆的书目数据库大多是自建自用，相互沟通较少，现有自动化集成系统绝大部分缺乏联合编目和馆际互借的功能，更没有涉及到藏文文献的编目技术；二是藏文文献利用率不高，品种不足；三是已有的目录系统或运用方式质量水平不高；四是目录数据过于庞杂，重数量，轻质量；五是藏文信息资源数字化技术尚不成熟，图书馆文献资源网络化、数字化建设进展缓慢。这些也是西藏地区图书馆数据库建设的共性问题。此外，缺乏统一的业务标准和规范也极大地阻碍了资源共建、共享的实现。标准化资源建设是实现信息资源共知、共享的前提，但由于中国图书馆自动化软件系统很多都是在没有统一标准和规范的环境下开发的，西藏地区图书馆在选择时也没有考虑共享问题，造成目前信息资源共知、共享效率低。具体到资源建设的业务中，李聚平认为，西藏地区图书馆的文献标引、图书分类、中文藏文目录著录格式、文字编写等不标准、不规范；计算机使用各行其道，现代化、标准化水平很低。

在发展理念上，缺乏开放合作思想，本位主义、保守主义、重藏轻用等传统思维方式成为制约西藏地区图书馆资源共知、共享实现的主要因素。有学者提出，西藏地区图书馆在观念上，缺乏合作创新意识，在信息化建设中，重硬件、轻软件，重建设、轻应用，重网络、轻信息造成了信息设施的利用率低，政府和群众对信息网络资源的使用、发展信息产业的信心不足。有关部门在信息化建设管理体制中缺乏政策、规范、立项等方面的调控手段和权威,不能满足藏文信息化建设和藏文文献信息共享事业发展的需要。

行政管理上多头领导、条块分割、各自为政的弊端已被各领域认知并规避,但目前这一点仍然是严重阻碍西藏地区资源共建、共享实现的主要因素之一,缺乏有效的管理体制致使馆与馆之间难以配合,藏书建设无协调计划,信息检索无联合目录,馆际互借没有好的办法。由于缺乏权威性的综合协调机构,造成西藏地区没有形成完整的文献资源保障体系,文献资源总体不合理,共享性差;文献入藏结构不合理,总量匮乏;文献品种不足,重复购买浪费现象严重。

现代信息资源共知、共建、共享活动是建立在信息技术基础之上的,计算机和国际互联网在图书馆的普及为信息资源共享的真正实现提供了可能,但由于西藏地域辽阔,地理环境复杂,数字化、信息化发展相对落后,与其他地区相比,西藏地区多数图书馆都存在技术落后、基础设施欠缺、数字化和网络化程度低、信息标准不统一不兼容以及技术人才匮乏等问题。2007年,据国家社科基金项目"网络环境下西藏地区藏文信息资源共享可行性研究"课题组对区内16所图书馆(资料室)的调查发现,有12所图书馆(资料室)拥有计算机,但能够联网的只有6家;14家单位有共享意愿,但没有一家有网站。[1] 现代化技术手段的欠缺严重制约了资源共建、共享的实现。

西藏地区图书馆近些年的人才培养和人才引进力度相当大,人员编制、学历、职称等整体状况都有了质的飞跃,但离现代数字图书馆所应具备的队伍素质仍相距甚远。人员流失、年龄结构不合理、现有人员数量不足是目前西藏地区图书馆队伍建设的突出问题。在公共图书馆系统,"2015年,西藏公共图书馆机构数量为79个,从业人员为187人,是全国图书馆从业人员总数最少的地区。自治区图书馆人

---

[1] 米玛次仁:《西藏地区藏文文献信息资源分布与利用现状分析——资源共享联手共建的实践与思考》,《西藏大学学报》2007年第3期。

员编制55人，昌都图书馆12人，林芝图书馆仅有5人，山南、那曲、日喀则三个新建的地市图书馆目前人员编制问题尚未完全解决，农家书屋与寺庙书屋尚未配备有专门的人员管理，大部分属于兼职"。① 此外，图书馆馆员专业结构不合理，专业知识技能老化，人员培训没有长远规划也是造成西藏图书馆事业发展相对缓慢的原因。

（三）如何实现西藏地区信息资源共建、共享

针对西藏地区信息资源共建、共享活动中存在的障碍，研究者从各自的研究角度提出了理论上的解决方案，主要有以下几方面内容：

第一，要建立健全组织机构，形成集中有效的管理体制。应成立全区性的图书馆管理协调机构，全面领导和协调西藏地区图书情报事业和文献资源共享工作，制定整个地区的图书馆发展规划和必要的顶层规划。协调机构的组成可以涵盖政府、院校、行业、企事业单位成员以及游离于各校和各个相关结构的顶层管理机构，负责组织、协调、推动工作，制定有关的政策、规划和具体操作方法，协调资源共享中的重大问题，保障藏文信息资源共享有序合理地进行。应增大西藏图书馆协会的工作力度，对藏文信息资源共建、共享进行统一规划和协调实施。应制定有关藏文文献资源共建、共享的政策和规定。应制定每个成员馆履行的义务和应尽的责任，馆际互借中共同遵守的条款，合作编目中数据交换与下载规定，打破以往各馆封闭式自我生产的模式。

第二，应确立科学、合理的运行机制和保障机制。构建藏文信息资源保障体系要实行"统一规划建设、分层管理协调、市场经济运作"的运行模式。必须健全和完善组织机构、制度建设、政策保障、投入机制等方面的各种保障措施，建立一个较为宽松的政策环境、和

---

① 孔繁秀、冯云：《西藏自治区图书馆事业发展调研与分析》，《西藏研究》2018年第4期。

谐的工作环境、开放式资源信息网络，健全和完善市场经济运作机制，努力争取吸纳社会资金的投入。同时，要形成独有的融资方式，利用国家援藏政策，动员有条件的企业和农牧民捐资，实现国家、社会、个人共建。应理顺图书馆内部体制、人员结构，以最小的投资获取最大的收益。实现藏学信息资源共享要注意经济性原则，努力提高信息的利用率和满足率。同时还要注意形成互利互惠的合作机制，使资源共享的关系得到巩固和发展。

第三，要建立特色藏书体系，加快数据库建设。特色馆藏是图书馆生命力、竞争力之所在，也是资源共享的基础。应由全区性图书馆管理协调机构组织协调各馆现有馆藏文献数字化范围，以技术力量最雄厚的图书馆为中心，集中各馆专业力量编制数字化文献目录，建成各种专业数据库。应严格遵守中国现行的《著作权法》及《计算机软件保护条例》，在尊重知识产权的前提下，开展藏学文献资源数据库、西藏旅游资源数据库、动植物和藏药资源数据库、矿产和能源资源数据库、畜牧业和森林资源数据库等西藏特色文化信息和特色资源专题数据库建设。要注意争取由政府出面成立一个具有统一规划、协调开展工作的监管机构统筹藏文文献信息资源共建、共享，从推进藏文网络资源共享的要求出发，共同搞好数据库的建设和管理。应加强数据库的标准化、规范化，加强全文数据库、数字化数据库、多媒体数据库的开发和利用，建立健全书目网络系统。

第四，要推行文献信息资源保障体系标准化建设。在网络化时代，信息资源标准化建设是实现资源共享的基本条件之一。应按照西藏文化资源数据库建设的要求，统一网络系统硬件、软件和技术支持。无论是书目索引数据库、文摘数据库，还是全文数据库，都要充分重视格式的标准化。在此基础上，努力解决西藏图书馆联机编目、联机检索、采购协调，同时完善网络的服务功能。为了更好地实现西藏地区藏文文献信息化的建设，还应该从实际情况出发，制定出与藏文文献信息资源共享事业相关的政策、技术应用标准和规范等——例如藏文文献信息资源的基础目录建设规划、资源共享管理、信息资源开发等，使其在信息化建设中，积极发挥推动、协调和规范的作用，以保证藏文信息化建设得以健康、快速、有序地发展。

第五，要拓展业务交流，注重人才培养。在全球信息化背景下，计算机和国际互联网已经成为图书馆工作的技术手段，知识服务则是图书馆工作的主要内容，这对图书馆的人员素质和信息服务质量提出了更高要求。图书馆工作人员既要懂得图书馆基础知识，又要懂得图书馆现代化技术。各图书馆可以采用办培训班、研讨会、学术报告会、岗位交流、考察学习等多种形式，加强人才的培养。要重视对自动化技术、网络技术、检索技术、多媒体技术、国际互联网技术的培训，逐步改变图书馆工作人员的知识结构，实行馆内培训与外出学习、考察相结合，使图书馆馆员成为网络知识的导航员。同时要广泛开展学术交流，虚心学习全国其他地区图书馆人才培养方面的经验。

（四）西藏地区信息资源共建、共享研究的发展方向

西藏地区信息资源共建、共享研究起步晚，但近年来逐渐引起了各方重视。有关西藏图书馆事业发展的研究都以实现区域性信息资源共建、共享为发展方向，该课题已成为西藏图书情报领域的一个重要研究方向。当前研究普遍关注资源共享的障碍和对策。在这两方面，各位学者都从西藏地区的现实环境出发提出了自己的观点，内容涉及资源共享过程中的多个环节，具有一定的实践指导意义。研究内容比较集中，侧重于藏文信息资源共享理论和实践的探索，理论研究取得了一定的进展，解决了藏文信息资源共享的核心机制问题，有一定的创新和突破。

上述研究存在的问题是：研究模式和内容简单重复，多数文章都是在一般性描述和分析的基础上，提出相似的建议和对策，缺乏一定的理论高度和研究深度，相关理论研究和方法研究缺乏实质性的突破。对西藏地区信息资源共享整体性的研究较少，缺乏对基础条件相似的国内外成功系统的研究，缺乏构建西藏文献信息资源保障体系的具体模式的研究。

建设以区域性图书馆联盟为基础的信息资源保障体系是提高西藏地区信息化水平，实现西藏经济和社会全面发展的重要途径，应以提高西藏地区信息化整体水平为出发点，加强信息资源保障体系架构、组织层次、指导原则、管理运行模式、资源建设内容以及资源共建、共享的具体措施、技术方法等方面的深入研究，逐步形成以西藏地区图书馆联盟为基础的，具有鲜明民族特色的信息资源保障体系。

四 西藏高校图书馆文献资源共建、共享实践

"联盟、合作与共享"已成为现代图书馆的发展理念，以区域联盟模式构建西藏高校文献资源保障体系是实现西藏高校图书馆文献资源共建、共享可持续发展的核心内容。西藏七所高校图书馆有着良好的文献资源建设基础，在长期的发展过程中形成了以藏学、民族学文献为特点的馆藏共性，随着通信技术和网络技术的发展，以联盟模式实现文献资源共建、共享已经逐渐成为西藏高校图书馆事业发展的研究重点，研究内容也日益深入。

（一）文献资源共建、共享实践发展的两个阶段

2001—2009年是西藏高校图书馆文献资源共建、共享研究的初步发展阶段。这一阶段从宏观上提出了共建、共享的思路与方案，强调共享理念的树立和共享模式的确定，研究内容侧重于藏学文献资源共建、共享研究。西藏地区图书馆在共享理念上逐渐达成共识，对西藏地区图书馆资源建设与服务状况，以及共建、共享实现障碍有了全

面掌握，基本上形成了通过权威组织机构的统筹规划，以协作的储存和采访计划来避免不必要的资源重复建设，通过网络实现无障碍资源获取的总体思路。

2010年之后，西藏高校图书馆文献资源共建、共享实践进入稳步发展阶段。2010年是西藏高校图书馆文献资源共建、共享实践取得突破的重要之年，在此之后，理论研究所形成的策略更加具体，内容主要集中在资源建设机制、共享管理模式、人员培训模式以及特色数据库建设等方面，研究不断深入，较详细地论述了共建、共享的建设策略和发展方向。在理论研究进入稳步发展时期的同时，共建、共享实践亦蓬勃兴起，最突出的是2011年8月"教育部CALIS、CADAL项目西藏自治区服务中心"在西藏成立，西藏七所高校图书馆成为其成员馆，并依托中国高等教育文献保障系统（CALIS）的共建、共享平台获取了资源和技术保障，西藏高校师生可以通过免费的文献传递服务实现馆外资源的获取。这一阶段，西藏七所高校图书馆尽管仍是各自为政但已有所合作，共享实践有了实质性的突破，资源共建仍处于计划启动阶段。随着科学交流的发展，资源共享的需求越来越多，实践的探索将成为研究的重要内容。

（二）文献资源共建、共享逐步实现

1. 权威性组织管理体系的构建

2011年8月"教育部CALIS、CADAL项目西藏自治区服务中心"成立；2012年11月6日，"西藏自治区高等学校图书情报工作指导委员会"（简称"西藏高校图工委"）和"教育部CALIS、CADAL项目西藏自治区工作领导小组"正式成立，承担统筹西藏高校信息资源整合、协调西藏高校图书情报工作的职责，对全区高校图书情报工作做统筹规划和全面指导，进一步促进西藏高等学校图书情报事业整体化建设，推进文献信息资源的共建、共知和共享。该机构确认由西藏大学图书馆维护中国高等教育文献保障系统（CALIS）西藏自治区信息服务中心网页，及时更新相关动态；建立成员馆工作群，创建成员馆联系平台，加强成员馆之间的交流。权威机构的设立和职责的明确进一步推动了共建、共享发展，促使各馆积极合作、互通有无，在实践中寻求合理的合作模式，更好地为全区读者服务。

2. 联手合作发展思路的形成

西藏高校图书馆资源共建、共享研究的主要内容集中在协调规划、电子信息资源集团采购、文献传递、联合编目、联合参考咨询、特色数据库建设、人力资源合作培训与技术合作支持等方面。2014年10月，"2014—2015年度西藏自治区高校图书情报工作指导委员会年会暨教育部CALIS、CADAL项目西藏自治区工作领导小组会议"在西藏民族大学召开，各成员馆在发展思路上达成合作共识：西藏各高校图书馆通过校际协商，实现区内文献资源共享；各馆由"西藏高校图工委"牵头，力争促成特色资源联合采购，节省经费；"西藏高校图工委"积极举办学术研讨会，探讨全区高校图书馆特色资源建设，联合各成员馆申报特色数据库建设相关项目；"西藏高校图工委"牵头组织业务培训。合作思路的成型，为进一步推动资源共建、共享奠定了基础。

3. 确立"统筹规划、分工协作、开放共享"的资源建设原则

"全局统一规划、合作发展并开放共享馆藏"是西藏高校图书馆事业发展的宏观思路。目前西藏七所高校图书馆的电子信息资源建设基本采用引进和自建相结合的方式开展，但"各自为政"的状态造成了中文数据库总体拥有量低、内容重复，外文数据库极度缺乏的现状。各馆的特色数据库基于馆藏基础和学科建设各有侧重——西藏大学图书馆以藏文资源为重点建成藏文文献和藏文古籍书目数据库、中国藏文文献资源网；西藏民族大学图书馆以汉文藏学资源为重点建成藏学专题全文数据库、藏学文献全文数据库、藏学多媒体资源数

库、少数民族古籍数据库、西藏民族大学学者文库、西藏民族大学学位论文数据库；其他四所院校各具专业特色，在长期发展过程中也形成了鲜明的特色资源发展思路——西藏农牧学院将建设"以'农、牧、林、水、电、生态、环境、食品、工程'等优势学科为特色的数据库资源"；西藏职业技术学院图书馆在原有馆藏基础上以西藏职业技术教育相关的各类纸质、电子、视频资源为主要内容，构建"西藏自治区职业教育教材信息服务平台"；西藏藏医学院图书馆建成藏医药学古籍、传统藏医药教学彩色唐卡、藏医药学和天文星算学特色馆藏。目前各馆的特色资源建设基本还处于"自建自享"阶段，既没有统一规划，也没有实现共享。

4. 依托中国高等教育文献保障系统（CALIS）平台开展文献传递服务，弥补本地资源不足

"教育部CALIS、CADAL项目西藏自治区服务中心"的成立，搭建了西藏高校信息资源共建、共享平台，各成员馆积极合作，极大地提升了西藏高校图书馆的服务能力。西藏大学图书馆和西藏民族大学图书馆是中国高等教育文献保障系统（CALIS）馆际互借与文献传递服务请求和提供馆，据统计，2013—2014年度，西藏大学图书馆对外发送服务请求48件，满足率64.58%；西藏民族大学对外发送服务请求13件，满足率84.62%。[1] 2014—2015年度，该项统计数据有了大幅度提升，西藏大学图书馆对外发送请求71件，满足率88.73%；西藏民族大学对外发送服务请求126件，满足率84.13%。通过"西藏高校图工委"和中国高等教育文献保障系统（CALIS）、大学数字图书馆国际合作计划（CADAL）项目西藏分中心的协调规划，西藏高校图书馆服务学校学科建设、人才培养和科学研究的能力和水平得

---

[1] 西藏大学：《2013—2014学年西藏自治区高等学校图书情报工作指导委员会年会暨教育部CALIS、CADAL项目西藏自治区培训顺利召开》，http://www.utibet.edu.cn/news/article_3_5_2258.html。

到明显提升，但区内馆际间的业务交流与合作仍需加强。

(三) 存在的问题

第一，实践滞后于理论研究的发展。西藏高校文献资源共建、共享现有的研究成果在理论上基本已形成了完整的实施策略——比如，在宏观层面有权责分明的组织机构体系和资源协作建设计划，也提出建立西藏高校文献资源保障系统，加快数据库与信息化建设，促进馆际资源的共享和共存互补，充分发挥图书馆信息服务的整体效应；在微观层面提出了具体的实施措施——如：依托中国高等教育文献保障系统（CALIS）平台实现资源共享，建设西藏高校特色文献资源共建、共享平台和电子文献资源服务中心，综合数据库联合采购，开展学科服务、深化知识服务层次，加强西藏高校图书馆之间的密切联系与业务合作等。但在实践中，七所高校图书馆的沟通与合作仍是有限的，馆际间的资源共建与开放几乎没有实现。

第二，信息技术发展不平衡。西藏拥有七所高校，包括西藏大学、西藏农牧学院、西藏民族大学、西藏藏医学院、西藏警官高等专科学校、西藏职业技术学院、拉萨师范高等专科学校，尽管网络已普及校园，但各图书馆的技术环境差异较大，基本信息建设水平极不平衡——如西藏警官高等专科学校尚未实现业务管理自动化，回溯建库工作亦未完成；除西藏大学图书馆和西藏民族大学图书馆，其他几个馆的技术力量仍是有限的。在科技信息数字化、开放资源迅速发展的信息环境中，技术的差异成为资源共享不可忽视的一大障碍。

第三，用户信息行为的变化要求资源共享方式更加"人性化"。智能移动设备的普及和通用搜索引擎以知识为单元进行深度知识挖掘的技术发展使用户查询利用信息的方式发生了极大改变，不仅阅读呈现"碎片化"特征，对于信息资源也要求能够快速灵活地发现、获取、分析、重组并创造，图书馆基本信息服务应向开放、交互、动态的方向发展。西藏高校图书馆在资源共建、共享发展中应充分考虑读者信息行为的变化，而并不仅仅是依靠文献传递等服务满足读者获取全文的需求。

（四）高校图书馆资源共建、共享可持续发展之道

西藏高校文献资源共建、共享从理论到实践经历了不到20年的发展，总结以往，并借鉴国内外资源共建、共享的成功经验，要想保证西藏高校文献信息资源共享机制的可持续发展需从以下几方面着手。

顶层设计必须确立联盟发展模式，完善组织机构体系，实现制度规范，并争取政府介入。2012年11月6日，"西藏高校图工委"和教育部中国高等教育文献保障系统（CALIS）、大学数字图书馆国际合作计划（CADAL）项目西藏自治区工作领导小组的成立，既结束了西藏高校没有"图工委"的历史，也明确了未来"共建、共享、共知"的发展方向，形成了以区域联盟模式实现西藏高校图书馆资源共享的思路。统筹机构应尽快出台明确的发展政策、管理办法、运作程序和技术规范，并履行监督实施与协调规划的职能，按照"合作共建为基础、开放共享为目标"，以及"多方协作、互利共赢"的原则制定中长期发展规划，有步骤、有计划地进行整体开发，建立健全配套的监督评估机制和相应的奖惩制度，在制度保障下形成有机配合的组织管理体系，促进西藏各高校图书馆广泛参与、协同共建、开放共享。同时应争取西藏自治区教育厅、文化厅等政府主管部门的行政介入，以保证资金到位、制度执行和长期规划的合理性。

在整合特色资源的基础上，要注重项目申报，逐步推进共建、共享可持续发展。数字资源共享是图书馆资源共建、共享实现的重要途径。西藏七所高校图书馆在资源建设过程中以藏学、藏文相关资源的完整收藏和数字化为特色，但各有侧重。基于各馆馆藏基础、经济实力和技术力量的不平衡，在特色数据库建设过程中可以尝试不同专题数据库以"一馆负责，多馆协助"的方式联合共建，明确各馆建设任务，整合文献资源、技术设备、人员配备，在资源提供、技术实现和协调规划等方面广泛合作，达到特色数据库共建、共享的目的。同时应重视各馆特色资源二、三次文献开发，提高资源检索效率。2015年11月，"2015—2016学年西藏自治区高等学校图书情报工作指导委员会年会暨教育部CALIS和CADAL项目西藏自治区工作领导小组会议"期间，在"进一步推进西藏高校特色文献资源共建、共享平台建设；搭建面向西藏政治经济社会文化大数据处理及其相关数据库和决策参考平台；建设西藏高校电子文献资源服务中心"等方面各馆达成共识,[①] 联合申报相关项目，以此为突破口推进合作实践和共建、共享建设。

近年来，西藏信息化水平在国家的大力扶持下迅速发展，西藏高校图书馆应以开放和积极的心态拓宽共建、共享发展思路，开拓共享资源获取途径，丰富信息服务的基础。应以联盟模式构建高校机构知识库，以"开放存取"的方式实现各院校原生学术资源的统一管理和服务；西藏公共图书馆服务体系应依托国家文化信息资源共享工程，努力将服务范围扩大到乡镇、农牧区、寺庙，高校图书馆应打破条块分割的局面，积极参与区域图书馆联盟建设实践，与公共馆、西藏社会科学院图书馆等广泛合作，多途径实现资源共建、共享，最大化信息服务效益；1995年，自内地对口援藏工作开展以来，内地高校在资源建设、馆员队伍建设、服务能力建设、数字图书馆建设、基础设施建设等方面对西藏高校图书馆的发展给予了极大帮助，各馆应积极参与交流与合作，有计划开展馆员培训、图书捐赠、资源共享等

---

① 西藏民族大学图书馆：《图书馆馆长孔繁秀一行参加西藏高校图书情报工作指导委员会年会暨教育CALIS和CADAL项目西藏自治区工作会议》，http：//www.xzmy.edu.cn/getcontent? id=30068&url=show。

工作。今后的研究应以机制建设、资源建设、资源使用、建设效果等内容为重点，吸引各类信息服务机构、研究机构和专家参与共建、共享计划的实施。

完善业务标准和规范，积极实践联合共建与共享，是促进共建、共享机制完善的重要环节。西藏高校图书馆在文献资源整序过程中应严格遵循已经成熟的分类标引体系，关注业务标准和业务规范的发展变化，及时修正标引细节，尽可能做到准确规范。在参考传统图书馆管理体系以及国家相关技术规范的基础上，西藏高校图书馆应结合新的工作标准与规范，制定出本地化的资源建设方案，特别是书目分类标引体系、宗教文献标引规范、民族文献数字化标准、数据库建设规范、数据库安全管理规范、数字资源共享传输协议等，以实现区域文献信息资源的联网建设及共享。

西藏高校图书馆发展水平的不平衡是共建、共享可持续发展的一大制约因素，各馆应在统筹机构的协调下，发挥联盟协作优势，全面加强基础设施建设，在技术设备、人员培训、资源建设与开发等方面对力量薄弱的小馆予以支持。同时应加强交流与合作，定期开展学术交流和岗位培训，在队伍建设、业务合作等方面互通有无、互相帮助，在资源共建、共享实践中共同协商解决问题。应基于本地化共建、共享机制的原则全面整合文献、技术、人员等资源，整体提高发展水平。在此基础上，深化服务层次，搭建以共享知识为目标的学科服务平台，共享教学资源和学术信息，实现技术与经验的共享。

在实现区域校际资源共享的过程中，制定合理的知识产权保护方案是西藏高校图书馆必须重视的问题。应组织专家对相关法律问题进行研究，提出解决和合理规避知识产权冲突的方案，消除共建、共享可持续发展的隐患。西藏高校图书馆应对图书馆馆员和信息用户进行双向的版权教育，增强版权意识，使双方在思想与行为上自律。在藏文古籍数字化、特色数据库建设、文献传递、远程访问馆外资源等方面，要依据"合理使用"条款，掌握合理复制的量度；要坚持社会公益性的原则，始终以教学、科研及学习为目的实现资源共享；要遵守知识产权方面的法律法规和国际惯例，履行告知义务，提醒信息用户"合理使用"，向用户说明作品所处的法律保护状态及侵权的可能与责任，规避用户"恶意下载"行为。

西藏高校图书馆对资源共建、共享已经具备较高的认知度，在指导思路上也已达成共识，认识到了合作与沟通的重要性。目前存在的主要问题是缺乏合作动力和经验，必须有规模、有组织地完善资源共建、共享计划，形成优势互补、协作共建、机制创新、共享共赢的可持续发展策略，在实践层面推动资源共享的实施。

第三章

文献信息资源"开放存取"

　　学术交流是科学研究不可分割的重要组成部分，需要同步规划以适应科研发展。进入21世纪，基于传统出版方式的学术交流模式越来越难以适应科研的需要：一方面，科研成果迅速增长，传统的印刷出版周期就相对太长；另一方面，印刷型文献及其电子版的学术交流内容单一、流通性差、可获得性差、价格上涨迅速，影响了学术信息的正常流通。随着数字化时代的到来，国际互联网成为了人们主要的信息获取渠道，是信息化社会传递知识、交流学术思想和工作经验最简捷而基本的手段之一。这样的背景下，一种适用于网络环境的新型学术交流机制——"开放存取"应运而生。它通过建立"机构仓储"系统，利用现代信息组织及管理技术，收集机构内部产生的各种学术信息，以"开放存取期刊"（OAJ，即Open-access Journals）或"开放文档"（Open Archives）的形式提供学术信息资源的免费存取，使科研人员可以方便、及时地获取所需信息，促进学术交流和科研发展。目前，"开放存取"资源已成为重要的学术资源，其科学价值得到了广泛认可，是学术型图书馆资源建设的重要内容。西藏地区存在着科技发展、创新基础条件薄弱，资源配置分散、重复的现实情况，引进学术交流的"开放存取"机制，对促进科学信息资源的整合和共享，建设网络学术资源开放共享服务体系具有深远意义。

一 "开放存取"环境下学术图书馆的发展

(一) 研究概况

1. "开放存取"的意义

信息在现代社会对国民经济的发展具有决定性的意义,它已成为与物质、能源并列的三大资源之一,并日益被认为是最重要的资源。任何国家、组织、机构和个人的发展都离不开对信息的占有、开发和利用。信息拥有者因信息与利益的直接相关而将信息迅速商品化,甚至利用知识产权等法律手段巧妙地实施信息垄断,从而获得高额利润。当信息成为商品,人们获取信息的障碍就在不断地增加。

科学的发展有赖于科学信息交流。学术期刊是传统学术交流的重要媒介,对市场极度敏锐的出版商通过垄断学术出版市场获取高额利润,造成"学术期刊危机","学术期刊危机"严重影响了学术信息交流的效率。国际互联网的普及本应使学术交流系统发挥更大的作用,但网络在日益丰富、便利人们的生活、学习、研究和交流的同时,也给人们获取信息设置了许多障碍——如网络平台、信息格式处理与转换等技术障碍,还有学术信息搜索、获取和服务管理障碍以及出版商为占有市场份额而人为设置的价格和法律障碍等,随着环境的变化,学术交流迫切需要摆脱这些障碍。除商业出版者之外,学术交流系统各参与方都已意识到,基于订阅的传统出版方式使现有的学术交流系统越来越难以适应科学研究的需要。

科研人员从事研究、发表研究成果的目的不单纯是为了获得经济利益,更多的是为了扩大研究成果的传播范围和影响力,提高自己的学术声誉和地位。在信息化环境中,学术研究需要一个不同于传统交流模式的开放机制,以及一个真正服务于科学交流的系统。为构建这一系统，国外科研机构、学术出版界、图书馆界等相关领域提出了一种适应网络环境的全新的学术交流机制——"开放存取"。"开放存取"定位于科学信息交流系统，采取与传统学术期刊出版完全不同的经济机制——作者付费（实际是由作者所在机构或科研资金代理机构、政府部门等支付）来支持运行，为网络用户提供没有经济、技术、法律障碍的学术信息存取，目的是要解决学术期刊价格上涨、传统学术信息出版时滞及版权限制所造成的学术信息交流障碍，加快学术信息传播速度，促进科学研究的快速发展。

自20世纪80年代以来，图书馆深陷经费危机的困境，其主因是由于图书馆预算上涨幅度与学术期刊价格的上涨幅度存在很大差距。为了丰富馆藏、提高服务效率和服务质量，图书馆界也曾尝试过多种方法试图摆脱这种困境——比如馆际互借、集团采购、图书馆联盟、信息资源共建和共享等。在图书馆界的努力下，凭借技术的支持，这些措施也曾起到一定的作用——增加了用户信息获取渠道，提高了信息服务效率。但这些措施都没有从根本上解决图书馆的经济困境。随着法制社会的逐步健全，知识产权的相关法律严格保护版权所有者的利益，由此成为图书馆信息服务的又一障碍。尤其是在网络环境下，图书馆只有在版权许可的范围内才能为用户提供数字化信息产品的服务，图书馆为用户提供高效的文献信息获取保障的职责进一步受到了限制。所以，图书馆应该正视"开放存取"机制为其带来的机遇。

"开放存取运动"从20世纪90年代以来的大规模兴起，源于其"开放"的理念迎合了图书馆界、学术界所追求的目标，网络技术的发展也为"开放存取"机制的实现提供了技术支撑。"开放存取出版"模式致力于提高学术信息的吸收、利用与影响，从而实现信息传递的最大使用价值。它体现的是研究人员的共同利益和信息服务机构的价值实现。更为重要的是，"开放存取"概念的提出在学术领域表达了国际互联网的共享精神，迎合了图书馆界的信息共享理念。它是利用网络技术实现信息资源共享的成功模式。"开放存取"使学术信息的市场化特征逐步淡化,在很大程度上缓解了图书馆的经济危机,并在不侵犯版权的前提下为图书馆开辟了更加宽松的发展空间。从理论层面来看,"开放存取"的信息资源共享模式适用于各类图书馆,对"开放存取"进行研究可以丰富图书馆学理论;从实践意义上讲,"开放存取"极大地触动了图书馆界的发展观,为学术图书馆改进工作方式提供了具体借鉴。随着计算机和网络在图书馆的普及,承担为教学和科研提供信息服务任务的学术图书馆理应改变观念,重新思考发展策略,积极参与"开放存取运动",利用自身的优势促进"开放存取"的发展,提高学术信息服务的质量和效率,维护图书馆和图书馆馆员在学术交流系统中的地位。

2. "开放存取"的源起

"Open Access"一词原是图书馆界的术语——"开架借阅","Access"有"检索、接近、存取"之意。随着计算机和国际互联网的普及,"开放存取"逐渐在信息领域得到广泛应用,它主要的含义则发展为在开放、分散和易于漫游的网络环境中,保证对整套的基本信息资源物理连接的建立、易于使用和收费合理。"使用 Open Access 这一术语表明,科研工作者希望网络科学信息可以像图书馆的图书一样,从闭架借阅(有限制地获取)发展到开架借阅(开放共享)。"[①]在中文文献中,"Open Access"有"开放获取""开放存取""开放访问""开放共享""开放阅览"等多种译法。但在网络环境中,"Access"特指通过网络与信息提供商相连,以及人们成功地查找、检索和利用各种计算机系统中所含信息的能力。在图书馆学情报学和计算机科学领域,"Access"也已约定俗成地被译为"存取"。"开放

---

① Peter Suber, *Open Access Overview: Focusing on open access to peer-reviewed resend articles and their preprints*, http://www.earlham.edu/~peters/fos/overview.htm (last viewed March 15, 2005).

存取"本身的特点是作者发表、交流研究成果，读者在一定的条件下免费获取并加以宣传和推广，"存取"能更好地反映"开放存取"的这一特征。鉴于以上分析，本书采用了"开放存取"这一概念。

"开放存取运动"起始于20世纪90年代，它是以"削弱出版社的权势，恢复研究成果的公共品性质而发起的"。它主要针对的是科学信息在国际互联网上实现没有经济、技术、法律障碍的自由存取，目的是消除传统学术交流机制的局限性，实现学术信息资源真正意义上的共享。事实上，"开放存取"只是"开放内容运动"的发展和重要组成部分。国际互联网从产生的那天起就生产着大量的开放资源，随着网络技术的发展，这些开放资源逐渐形成规模，成为信息资源公共获取的重要内容，被称为"开放内容"（Open Content）。所谓"开放内容"，是指："版权人将他们的书籍、论文、音乐及其他作品以某些方式授权，允许任何人在不需要经过特别许可或费用的情况下，去复制使用甚至允许再创造，形成演绎作品。"[1] "开放内容"主要有"开放存取期刊"（Open-access Journals，简称OAJ）、"开放文档"（Open Archives）、"开放图书"（Open Access Books）、"开放课件"（Open Courseware）、"学习对象仓储"（Learning Object Repository）等类型，前两项就是"开放存取运动"的主要内容。但"开放存取期刊"和"开放文档"都只是"开放存取"资源的载体形式，无论从"开放存取"出版者的角度还是从用户或作者的角度看，他们关注的主要内容都是研究成果的书面形式——科研论文，所以说"开放存取"主要以论文为单位。

2002年2月，开放社会研究会（The Open Society Institution，简称OSI）在布达佩斯召开议题为"加速让所有学术领域的研究文章都能免费供大家取阅"的会议，会议通过了《布达佩斯开放存取宣言》

---

[1] Peter Suber, *What you can do to promote open access*, http://www.earlham.edu/~peters/fos/do.htm（last viewed April 20, 2005）.

(*Budapest Open Access Initiative*，简称 *BOAI*)。该文件将"开放存取"的概念确定为"对文献进行'开放存取'意味着在文献公共互联网上的免费存取，允许用户对其进行阅读、下载、复制、传递、打印、搜索，建立文献全文的超级链接，索引爬行，用做软件的输入数据，或其他合法目的的使用。用户在存取文献的过程中不受任何经济、法律、技术的限制，对作品进行复制、传递的唯一限制或者说版权在这一领域唯一能起的作用就是要赋予作者控制作品完整性的权利和署名权"。① 2003年3月11日，在美国马里兰州的霍华德尤斯医学学会 (the Howard Hughes Medical Institute) 总部召开了一个旨在"促进生物医学领域主要学术文献开放存取实现"的会议，呼吁各相关团体（包括科研机构、科研经费代理机构、图书馆、出版商、科学家与科学社会等）积极参与"开放存取运动"。会议产生了《开放存取巴斯达声明》，声明提出了成为"开放存取出版物"的两个必要条件。

①文献作者或版权人赋予所有用户为合理目的、在尊重作者权利的前提下，对其作品免费、永久、广泛的存取权。允许他们在任何数字媒体中对其作品进行复制、使用、发行、传递、公开陈列、创作和传播演绎作品。并允许他们为个人使用打印少量复本。②作品的完整版本及所有补充材料，包括上述许可生成的复制品必须以恰当的标准化电子格式在正式出版前立刻保存在至少一个网络数据库中。这些数据库应由某些研究机构、学术团体、政府部门及其他以实现学术信息开放存取、无障碍发行、可互操作、长期保存为目的的知名组织来建立和维护。②

---

① *Budapest Open Access Initiative*，https：//www.budapestopenaccessinitiative.org（last viewed May 11, 2006）.
② *Bethesda Statement on Open Access Publishing*，http：//www.earlham.edu/~peters/fos/bethesda.htm（last viewed March 11, 2006）.

第三章 文献信息资源"开放存取"

"开放存取"的主要内容就是作者允许公众无偿使用的"开放存取"出版物。"开放存取运动"的积极倡导者彼德·萨伯（Peter Suber）在其论文中将这类出版物称之为"无版税文献"（Royalty-free Literature）。① 对学术交流系统来说，重要的"无版税文献"是经过"同行评议"的研究论文、学位论文及其预印本。由于这类文献减少了出版者的生产成本、有质量保证，因而成为学术信息"开放存取"的主要内容。但"开放存取"并不是仅仅针对这类免税作品。在作者授权的前提下，一些付税作品如专题论文、小说等也可提供"开放存取"。从本质上说，"开放存取"的信息对象是不受限制的，它包括从裸数据到知识对象、音乐、图像、多媒体文件、软件等适用于数字化存取的所有内容，但现阶段"开放存取"的主要内容还是以论文、科学数据的形式出现。彼德·萨伯也指出，"开放存取"不能与"公共使用权"（Universal Access）画等号，因为至少有四类障碍是"开放存取"无法解决的，即"过滤和审查障碍"（对机密信息的保护）、"语言障碍"（不同语种文献的机器翻译问题很难解决）、"残疾人障碍"（如盲人，多数网络对他们来说是无法使用的）、"网络使用障碍"（许多人因缺乏网络设备仍无法利用网络资源）。也就是说，"开放存取"并非意味着完全自由。

学术信息的"开放存取"以作者自愿为前提，作者不求经济回报的学术态度和国际互联网的普及是"开放存取"机制实现的基础。无障碍获取科学信息资源是"开放存取"的主要目的，这里所说的障碍包括经济、技术、法律等对学术信息交流的客观和主观限制，"开放存取"机制的实现将保证学术交流的及时、顺利进行，从而促进科学研究和高等教育的发展。"开放存取"的核心内容是科学信息

---

① Peter Suber, *Open Access Overview: Focusing on open access to peer-reviewed resend articles and their preprints*, http://www.earlham.edu/~peters/fos/overview.htm (last viewed March 11, 2006).

资源，其形式可以是期刊论文、会议文献、学位论文、教育资源、研究报告、图书、专利文献、多媒体文件等多种类型，这些资源的共同特征是数字化、标准化、无存取障碍。"开放存取"机制的主要支持者是大学、科研机构和学术图书馆，这主要是因为这些机构是科研人员（包括学者、科学家、高校教师、大学生等）的主要集中地，他们是学术信息的需求者也是生产者；同时，这些机构拥有实现网络出版的各种条件，包括设备和人才（学术信息生产者、评审者、消费者）；另外，最重要的科学信息服务机构——学术图书馆面临的"经费危机""许可危机"使科研人员的信息需求越来越难以得到满足，促使这类机构成为"开放存取出版"的主要支持者。正如《布达佩斯开放存取宣言》所认为，科学家和学者不求回报的学术态度和网络技术的结合使公共利益得到最大限度实现，他们实现的公共利益是全球范围的"同行评议"期刊文献的电子化传播，以及科学家、学者、教师、学生和其他信息需求者对这些文献资源完全免费、无限制的存取。

3. 研究现状

"开放存取"并非一个空泛的理论，对"开放存取"研究的日益兴旺源于"开放存取"实践的成功。自由存取和开放共享是图书馆界多年追求的目标，也是科研人员从事研究活动的实际需求，网络技术的发展使这种全新的学术交流模式得以实现，它给学术交流提供了便利，给图书馆的发展提供了新的思路，同时它也触动了传统学术出版系统的利益空间。"开放存取出版"模式因其实用性、可行性、冲击性而深受图书馆界、情报学界、学术交流领域及从事科研和高等教育工作的人们的关注。

（1）国外研究现状

国外对"开放存取"的研究比较早也比较系统。瑞典隆德大学图书馆创办的《开放存取期刊目录》（*Directory of Open-access Journals*,

简称 *DOAJ*）到 2006 年 4 月 2 日止已收录信息科学类开放期刊 58 种，内有 80 多篇相关论文。在传统学术刊物上也多有相关内容。关于"开放存取"的研究，主要集中在"开放存取"概念的界定、"开放存取"产生的原因、"开放存取"的实现方法、"开放存取"机制的特征和存在的问题、"开放存取"对学术交流系统的影响、"开放存取"项目的实例研究等内容上。

大多数相关论文都会涉及"开放存取"的起源与发展，并总结出"开放存取运动"兴起的原因。归纳起来主要是：学术出版深受商业出版者的垄断而造成"学术期刊危机"，进而引起"学术交流危机"；知识产权保护日趋严格造成"许可危机"；网络技术为学术信息的自由存取提供了交流平台，使"开放存取"的实现具备可行性；学者发表研究成果不求经济回报的学术态度等。这些原因共同促成了"开放存取运动"的形成和发展。

关于"开放存取"的概念，最著名的是"三 B 定义"（BBB definition）——即《布达佩斯开放存取宣言》（*Budapest Open Access Initiative*，简称 *BOAI*）、《开放存取巴斯达声明》（*Bethesda Statement on Open Access*）和《自然科学和人文科学知识开放存取柏林宣言》（*Berlin Declaration on Open Access to Knowledge in the Science and Humanities*）。这三个定义对"开放存取"界定的基本原则是：信息可以通过网络免费即时获取，作者允许用户对其作品的学术性使用——即只要用户正确承认作者的权利就可以通过数字媒体对作品进行复制、传递、公开展示，甚至生成派生作品。其中较常被引用的是《布达佩斯开放存取宣言》的定义，它比较全面准确地概括了"开放存取"的内容和特征，在国内外学者中得到了公认并被广泛引用。该宣言也提出了"自建档"（Self-Archiving）和创办"开放存取期刊"这两种实现方法。前者要求作者将经过"同行评议"的期刊论文保存在"开放存取仓储"（OA Repositories）中，这类仓储基本上都遵循《开放文档先导》(Open Archives Initiative，简称OAI) 的有关协议标准，可利用搜索引擎或其他工具对数据库内容进行搜索、组织、保存、发布，并面向全部网络用户提供免费的共享服务。后者是通过创办新的"开放存取期刊"或将现有期刊转变为"开放存取期刊"，要求作者放弃稿费向"开放存取期刊"投稿，"开放存取期刊"将利用版权和其他工具确保对发布作品的永久性"开放存取"。"开放存取"机制由于不成熟而存在一些问题，主要涉及经费来源、知识产权、信息质量控制等。"开放存取"支持者和反对者都意识到了这些问题的重要性，但目前尚无最佳解决方案。

"开放存取运动"的先驱彼德·萨伯（Peter Suber）在其论文 (Open Access Overview：Focusing on open access to peer-reviewed resend articles and their preprints) 中对"开放存取"的基本问题作了全面论述，并在他的另一篇论文 (What you can do to promote open access) 中对"开放存取"所涉及的各类机构、人员（包括大学、大学教师、大学生、高校图书馆、高校管理人员、期刊出版商、基金会、学习型社会、政府部门、普通公民等）应如何采取行动促进"开放存取"发展提出了详细建议。他的论述为"开放存取"研究提供了基本框架和清晰思路。

"开放存取运动"引起了世界范围内与学术交流系统相关的各组织机构的关注和重视，很多国家纷纷建立了自己的"开放存取"研究项目。目前，欧洲各国处于"开放存取运动"的研究前沿，著名的研究项目有英国的 SHERPA 项目（Securing a Hybrid Environment for Research Preservation and Access）、SciX 项目、南安普顿大学的 Eprints 项目，还有美国麻省理工学院和惠普公司联合开发的开放源代码系统 Dspace 等。这些研究项目从技术、管理、文化等角度对"开放存取"机制作了深入研究，促进了"开放存取"的发展。现有的学术资源"开放存取"经营模式主要有作者付费（Author Pays）、机构津贴

(Institutional Subsides)、政府拨款（Grants）等。实现方式有基于《开放文档先导》（OAI）的开放元数据机制，基于数字对象标识（DOI，Digital Object Identifier）的永久性保存与利用机制，基于搜索引擎的"开放存取"机制，基于 Web Service 的"开放存取"机制。目前的开放资源质量控制主要是照搬传统印刷型刊物的"同行评议"制度。在网络环境下，这种质量保障机制并非完美无缺，有关专家意识到了改进这种制度的重要性。"开放存取"机制的法律基础是取得版权人许可或利用公有领域的信息资源——前者是主要的，但目前这种许可在多数情况下都不甚明确。公共领域研究中心（Central for the Public Domain）2001 年支持开发的"创作共用协议"（Creative Commons，简称 CC）因其灵活的授权机制得到"开放存取出版"领域的青睐，许多"开放存取"出版者都利用"创作共用协议"来解决"开放存取"资源的版权问题。"开放存取"的版权方案还有待进一步的研究和完善。

（2）国内研究现状

中国学者接触"开放存取"较晚，但发展比较迅速。以"开放存取"为关键词进行统计，中国有关"开放存取"的研究论文从 2004 年末开始出现，到 2006 年 12 月，中国期刊全文数据库中共有论文 78 篇，优秀博士、硕士学位论文全文数据库中尚无相关论文。中国期刊全文数据库中各年有关"开放存取"的论文数如表 3 – 1 所示。其中，2004 年只有 2 篇有关"开放存取"的论文，主要内容是对"开放存取运动"和研究状况的介绍。到了 2005 年，不仅论文数量有大幅度增加，而且研究内容也逐渐深入，具体涉及了"开放存取"资源长期保存、"开放存取"实现方式、"开放存取"对图书馆的影响等方面。2005 年第一季度只有 1 篇，2006 年同期已有 6 篇论文，从总的趋势来说，中国对"开放存取"的研究在不断丰富和深入。

表3-1 中国期刊全文数据库中"开放存取"研究论文统计论文数

单位：篇

论文数 年份	第一季度	第二季度	第三季度	第四季度	合计
2004	0	0	0	2	2
2005	1	1	4	11	17
2006	6	9	13	31	59

注：此表统计至2006年12月。

中国科学院和国家自然科学基金委员会于2005年5月签署了《自然科学和人文科学知识开放存取柏林宣言》。中国科学院还在2005年6月组织包括出版界、图书馆界、信息服务机构、科研机构和数据库代理商的中外代表召开了"科学信息开放存取政策与战略国际研讨会"，就科学信息交流面临的威胁、挑战以及政府和机构应采取的政策和策略等问题进行了探讨，寻求促进"开放存取运动"发展和学术信息广泛交流的途径，推动了中国对"开放存取"的深入研究和全球科学信息共享环境的发展。此次会议还制定了参与信息"开放存取"的机构与个人的职责，图书馆的相关职责包括：发展和支持通过"开放存取"模式发表作品的机制，并向社会提供这种机制；在教育和其他活动中，培训用户采用"开放存取"模式发表作品；推荐"开放存取期刊"，在联机公共目录查询系统（OPAC）中突出"开放存取期刊"的列表和链接。

目前中国提供免费存取服务的电子预印本系统发展较快，已有中国科技论文在线（http：//www.paper.edu.cn）、中国预印本服务系统（http：//prep.nstl.gov.cn/eprint/index.jsp）、奇迹文库（http：//www.qiji.cn/eprint）等，并建立了一些国外电子预印本的镜像网站，如中国数理科学电子预印本镜像库（http：//xxx.itp.ac.cn）。图书馆学领域也开始了对"开放存取"的初步研究，许多学者提出了自己的观点。

如黄凯文、刘芳在《网络科学信息资源的"公开获取运动"的模式与方法》中将"开放存取运动"的特点概括为"科学信息易得性，收费模式新颖性；时效性、交互性强，节约了科研经费；作者拥有文献版权；有一定学术价值"。① 乔冬梅也在《国外学术交流开放存取发展综述》中概括了"开放存取"的基本特征。马景娣在《社会科学开放访问期刊及其学术影响力研究》一文中通过对《社会科学引文索引》（SSCI）和《期刊引用报告》（JCR）数据库的检索统计，对在国际互联网上社会科学开放访问期刊进行了概述和分析，提出开放访问期刊的学术地位和学术影响力是不容忽视的，社会科学界理应重视"开放存取"研究。北京大学2002级图书馆学硕士研究生李武的毕业论文《基于开放存取的学术期刊出版模式研究》就"开放存取期刊"的具体问题及其对学术交流系统的影响做了比较专深的研究。

国内多数研究"开放存取"的论文都有涉及"开放存取"与图书馆关系的内容，主要是简述"开放存取运动"对图书馆建设、图书馆经费预算及图书馆角色定位产生的影响，以及图书馆在学术交流系统中应承担的职责。专门阐述二者关系的论文只有任真的《开放存取环境下的图书馆》，唐承秀的《数字图书馆环境下的学术信息交流模式探析》，黄凯文的《试析网络科学信息的OA运动对图书馆的影响》，以及成博的《开放存取运动中的高校图书馆》。这四篇论文具体分析了"开放存取"对图书馆工作产生的影响，详细探讨了图书馆在"开放存取"环境中所面临的机遇和挑战，以及图书馆应如何利用"开放存取"机制进一步发展。学术图书馆是学术信息的主要管理中心，是传统学术交流系统中最核心的信息服务机构，"开放存取"的目的是提高科学信息的交流效率，这与学术图书馆的存在意义息息相关。学术图书馆如何适应"开放存取"环境，探询自身的发展之路，并更好地发

---

① 黄凯文、刘芳：《网络科学信息资源的"公开获取运动"的模式与方法》，《大学图书馆学报》2005年第2期。

挥自己在学术交流系统中的作用已经日益成为图书情报领域研究的重要内容。

作为传统学术交流系统中的重要环节,定位于学术信息服务的学术图书馆在"开放存取"环境中同时面临着机遇和挑战。"开放存取"对于学术图书馆的意义在于,它能在一定程度上缓解学术图书馆的"经费危机"和"许可危机",能为学术图书馆发挥更大的作用开辟新的空间。但同时,以网络技术为支撑的"开放存取"机制也使图书馆面临着用户大量流失的危险。虽然"开放存取"的经济机制、质量控制机制、法律机制等都存在一些问题,但它能够消除学术交流中的经济、技术和法律障碍,提高学者及其所在机构的学术声誉,促进学术信息交流。"开放存取"对学术图书馆的职责、经费预算、资源建设、信息服务以及机构功能等都产生了很大影响,学术图书馆应该改变观念,重新确定自己在"开放存取"环境中的角色,并根据自身条件在不同的发展阶段以不同方式参与并利用"开放存取",以避免被排除出学术交流系统。

(二)"开放存取"机制

1."开放存取"的运行机制

《布达佩斯开放存取宣言》不仅准确描述了"开放存取"的概念,而且提出了学术信息"开放存取"的两种实现途径,即"自建档"和创办"开放存取期刊",后者随"开放存取运动"的发展已经延伸为发行"开放存取"出版物。在实际操作中,"开放存取"的运行模式又有以下区别。

(1)"自建档"

"自建档"是指由学者利用某些辅助工具将他们期刊论文(包括已发表的期刊论文和未发表的预印本)的电子全文自行保存在遵循《开放文档先导》(OAI)相关标准的开放电子文档中,使搜索引擎及其他工具可对分布式的文档进行搜索。用户无须知道文档位置就可利用文档内容。学者主要是通过一个简单的 Web 页面保存论文全文文本及相关元数据，形成的开放电子文档是一个可为公众提供自由存取的网络电子典藏平台，在"开放存取"领域也称其为"开放存取仓储"（Open-access Repositories）。学者自行典藏的目的是使他们经"同行评议"的研究成果可以被任何网络用户发现、搜索、获取和使用，使学者的研究成果得到最广泛的存取、应用，以实现研究工作的合作和交流，促进科学、教育的发展，提高学者及其所在机构的学术声誉。传统的关于学术出版的界定是论文满足"同行评议"的质量标准，并在组织"同行评议"的学术期刊上发表。"自建档"不组织"同行评议"，所以"自建档"从质量控制的角度上说不属于传统的"出版"（Publication）范畴。"自建档"虽然不组织"同行评议"，但这并不意味着它不进行质量控制，因为它并未完全摆脱"同行评议"制度（采用经"同行评议"过的文献），也没有采用其他可替代"同行评议"的质量控制机制。由于"自建档"保存的是特定机构或特定学科的预印本（Preprint）和定稿（Postprint），这些文献的作者通常都是从事科研和教育工作的学者，文档内容在客观上是有一定质量保障的。多数"开放存取仓储"提供即时存取，也有的是在一定的时限后对其保存的各类数字资源提供"开放存取"，或允许作者对作品的可获取程度进行控制。对于预印本，作者无须获得许可就可自行上传保存；对于定稿，若作者已将版权转让给了期刊，作者就要得到期刊出版商（即版权所有者）的许可才能将定稿保存在"开放存取仓储"中。随着"开放存取运动"的发展，传统出版商迫于压力逐渐放宽了对作者的限制，现在已有70%的传统期刊允许作者将定稿保存在"开放存取仓储"中。现有的"开放存取仓储"大都采用了开放文档先导—元数据收割协议（Open Archives Initiative-Protocol Metadata Harvesting，简称 OAI-PMH）作为建档标准，解决了各数据库间的互操作问题。作者上传论文、用户获取文献都是免费的，而且利用网络搜索工具可以获取分散保存的科学信息内容，实现了真正意义上的信息资源共享。

根据组织方式的不同，"开放存取仓储"又可分为"机构仓储"（Institutional Repositories，简称 IR）和"学科仓储"（Discipline Repositories，简称 DR）。"机构仓储"是采用易于网络检索的标准收集、存放由某一学术机构（如大学、科研机构、学术图书馆）的专家、学者或大学生创造的、可供机构内外的网络用户共享的学术文献的数据库。"机构仓储"可由某一机构独立创建，也可由数个机构联合创建。目前比较著名的"机构仓储"有英国的 SHERPA 及荷兰的 DARE，还有美国麻省理工学院与美国惠普公司联合创办的 Dspace 及美国加州大学的 Escholarship 等。"学科仓储"是采用一定的方便网络检索的标准收集、存放某一学科的可供国际互联网用户共享的学术文献信息资源的数据库。比较著名的是美国的公共医学中心（PubMed Central，简称 PMC），以及国际分子多样性保护组织（MDPI）的化合物样品数据库。公共医学中心提供 150 多种生物医学和生命科学领域期刊文献的"开放存取"；国际分子多样性保护组织是收集、交流并保存具有历史价值的化合物样品的国际性学术机构，其网站提供具有正确结构和可靠纯度的化合物样品数据库的免费检索，具有良好的学术声誉。

在"机构仓储"中，电子预印本"自建档"——又被称为"灰色开放存取"（Pale OA），是一种重要的学术信息"开放存取出版"模式。论文在发表前已在作者所在机构内公开传递的学术论文被称为预印本，其质量从客观上说是比较有保障的，这是因为"电子预印本本身是已经过传统评审的，电子预印本档案也有自己的评审机制，并通过电子邮件接受用户对论文的评价"。[①] 最初的预印本电子发行主

---

① 乔冬梅：《电子预印本档案》，《图书情报工作》2003 年第 8 期。

要是采用电子邮件方式，1993年美国洛斯阿拉莫斯国家试验室的粒子物理学家金斯帕格开发了从一个中心存储和获取电子预印本的软件系统，实现了作者对电子预印本的自我保存和机构内部对全文的免费检索和获取，使文件内容简化，存取效率提高，可存取数字化资料的种类和范围得以扩展。目前各主要电子预印本站点的数据都按照开放文档先导—元数据收割协议（OAI-PMH）的都柏林核心（DC）元数据格式保存，大大提高了各电子预印本系统的互操作性。比较著名的电子预印本系统有美国高能物理研究所理论部创建的arxiv.org，学者在注册后可以通过Web界面、FTP方式或电子邮件方式提交论文，arxiv.org根据预印本提交顺序给每篇论文预印本编号，提供浏览器、电子邮件、Web界面等检索方式。它在世界各地已拥有17个符合开放文档先导协议（OAI）的镜像站点，其中包括位于中国科学院物理研究所的中国站点，在数学、物理学、非线形学术和计算机学术方面可实现"开放存取"的论文超过23万篇。目前中国也已建立了"中国科技期刊在线"和"中国科技论文预印本"等"电子预印本文档"。

（2）"开放存取出版物"

最初，《布达佩斯开放存取宣言》提出的实现"开放存取"的另一途径是创办"开放存取期刊"。随着"开放存取运动"的发展，创办内容逐渐扩展为"开放存取出版物"，而且《开放存取巴斯达声明》也对"开放存取出版物"的必要条件做了详细规定，但到目前为止，"开放存取出版物"的主体仍是"开放存取期刊"。单纯的"开放存取期刊"出版也被称为"黄金开放存取"（Gold OA），因为它是"纯""开放存取"出版方式。

"开放存取期刊"与"自建档"最主要的区别是，前者组织"同行评议"。所有"开放存取"计划都认为，"同行评议"制度对于"开放存取"资源的质量控制十分重要。"开放存取期刊"的"同行评议"制度与传统学术期刊的"同行评议"同样是严谨可靠的,因为它们利用的是相同的评议程序、标准和评审人员。"开放存取期刊"出版的基本过程是:科学家或学者投稿→"开放存取期刊"进行稿件评审→提供网络传播→读者免费获取。这与传统学术期刊的出版程序基本相同,不同的是"开放存取期刊"唯一的传播平台是网络。在投稿时,作者要支付审稿费,提供给读者时是完全免费的。"开放"对作者来说是投稿时选择出版渠道的"开放",对读者来说才是真正意义上的信息自由获取。"开放存取期刊"由于以网络技术为基础,其用于论文评审、稿件处理等的成本远远低于传统印刷型期刊,而且"开放存取期刊"采用作者付费的方式获取基本经费,不依赖财政拨款,因此大部分"开放存取"支持者都认为"开放存取期刊"具有经济可行性。但英国公共科学技术委员会(UK house of Commons Science and Technology Committee)在经过半年的调查后,发布了一份报告(*Scientific Publication*：*Free for All?*),报告明确表达了对"开放存取仓储"的支持,而对"开放存取期刊"只是有保留地支持,其主要原因是不赞成"开放存取期刊"的经济运行机制,认为要求作者付费会打击作者投稿的积极性。许多"开放存取期刊"出版者也在不断改进自己的经营模式——比如采用机构会员制度,或对那些来自贫穷国家和机构的作者降低或免除付费要求,以求促进这种学术信息出版模式日益完善。美国科学公共图书馆就承诺对经济困难的作者降低或免除付费;牛津大学的《核酸研究》(*Nucleic Aids Research*,简称*NAR*)则允许付不起1500美元出版费的作者不付费,若作者所在机构是《核酸研究》成员,作者可以只需付500美元。

"开放存取期刊"的主办者有商业出版者——如美国科学公共图书馆,也有非商业出版者——如英国生物医学中心(BioMed Central,简称BMC)。比较著名的科学公共图书馆期刊是2003年7月创办的《科学公共图书馆·生物学卷》(*PloS Biology*)和2004年10月创办的《科学公共图书馆·医学卷》（*PloS Medicine*）。作者在线提交论文，一旦论文被录用就立即上网发布，用户可以通过科学公共图书馆网站和公共医学中心（PubMed Central，简称 PMC）免费获取论文全文。公共医学中心要求作者必须为每篇发表于科学公共图书馆期刊的论文支付 1500 美元的费用。科学公共图书馆的目标是创办可以和《科学》《细胞》《自然》等著名期刊相媲美的高质量的"开放存取期刊"，它们计划逐步推出各个领域的"开放存取期刊"。英国生物医学中心是英国一个非营利的学术出版商，它对经"同行评议"的 120 多种生物学和医学领域的"开放存取期刊"提供"开放存取"。由英国生物医学中心出版的学术期刊论文可为用户提供即时、永久的在线获取，而没有价格或是其他障碍。它要求作者为每篇论文支付 500 美元；对发展中国家及经济困难的作者可免于付费。英国生物医学中心也采用会员制，机构成员在发表论文时可享受一定的付费折扣。

为便于对网络"开放存取期刊"的利用，瑞典隆德大学图书馆和学术出版与学术资源联盟（Scholarly Publishing and Academic Resources Coalition，简称 SPARC）于 2003 年 5 月正式创建了《开放存取期刊目录》。《开放存取期刊目录》是一个"开放存取期刊"的综合目录节点，收集、整理网上免费、可获取全文的高质量的"开放存取期刊"。截止到 2018 年 12 月为止，《开放存取期刊目录》已收录 12300 多种"开放存取期刊"，其中 9400 多种可进行论文检索，还提供 350 多万篇学术论文的全文获取。《开放存取期刊目录》提供收录期刊的刊名、国际刊号、主题、出版商、语种等信息，并提供期刊论文的全文检索。

（3）混合出版模式

混合式"开放存取出版"意味着同时采用"开放存取出版"和传统出版。与"开放存取出版"相比，传统出版模式的显著优势似乎就是同行评议对质量的严格控制。"开放存取期刊"为了保证"开放存取"资源的质量,避免对学术研究的误导,也直接采用了这种质量控制机制。"自建档"方式虽然不具体组织"同行评议",但它接受的是经"同行评议"过的文献资源,因此传统出版商在网络环境下可与"开放存取出版"竞争的优势极少。在这样的压力下,现在国外许多传统学术期刊逐步放宽了对作者的限制,允许他们将论文预印本或在论文发表后将定稿放到期刊主页或保存到某一"开放存取仓储"("机构仓储"或"学科仓储")中提供"开放存取",形成"开放存取出版"和非"开放存取出版"的混合模式,也被称为"绿色开放存取"(Green OA)。现在已有84%的"开放存取期刊"允许这种方式的"开放存取出版"。如爱思唯尔(Elsevier)的期刊《柳叶刀》(The Lancet)现在就允许作者在发表论文后自行典藏其论文定稿,受到广泛赞赏。有的出版商允许作者在论文发表一段时间后提供完全的"开放存取"服务,以保证期刊的经济利益。如《英国医学杂志》(BMJ)在2005年提供所有论文的免费存取,期刊其他内容(社论、评论、新闻通讯等)要付费获取,但一年之后它将提供所有内容的"开放存取"。作者有权选择"开放存取出版"模式,也有权选择其他出版方式。2004年7月,施普林格实行"开放选择"计划,给予作者是否将作品提供"开放存取"的选择权,作者若选择"开放存取出版",施普林格则向作者收取3000美元的出版费。2003年"学习和专业出版者协会"(The Association of Learned and Professional Society Publishers,简称ALPSP)对149个国际出版商的"自建档"政策作了调查,结果显示,有50%的出版商允许作者在论文发表前就可自行保存在"开放存取仓储"中,有超过60%的出版者允许论文发表后再存档——通常是保存于作者的个人网页上。随着爱思唯尔这样的大出版商近期也允许作者自行典藏论文定稿,学术论文已被允许保存在92%的期刊数据库中。

"同行评议"所需费用是学术出版成本的主要构成,是否采用质量控制机制决定了"开放存取"两种实现途径实际操作难易程度和成本高低的差别,因此在"开放存取出版"实践中有了上述三种不同的运行模式。由于不组织"同行评议","自建档"方式不要求作者付费,比创办"开放存取期刊"更易实现,也更易于被作者接受。在"开放存取运动"发展的初期阶段,大多数"开放存取"支持者都建议首先采用这种方式,但由于缺乏规范的质量认证体系,这种方法所形成的"开放存取仓储"的可靠性和规范性就大打折扣。从这一点看,"自建档"方式并不能完全实现作者对"开放存取"的主要期望——扩大作者或其所在机构的学术影响力。现有的"开放存取期刊"组织方式也没有完全脱离科学出版的经济特点,它要求作者付费,并实行严格的"同行评议"制度。与传统期刊一样,"开放存取期刊"也存在交流时滞和存取效率低的问题,且出版者要考虑如何获得出版成本。"开放存取期刊"和"自建档"各有利弊,《布达佩斯开放存取宣言》提出这两种方式时也指出它们是互补的关系。作为"开放存取"资源的载体和媒介,"开放存取期刊"和各类"开放存取仓储"必须可靠并易于开发,才能吸引更多的作者和读者。在不同操作领域和"开放存取"发展的不同阶段都不应割裂它们,而应视条件有不同侧重,但原则是坚持二者的互补关系,才能共同促进"开放存取"的实现和发展。

2."开放存取"的社会机制

(1)"开放存取"的经济机制

学术信息"开放存取"对读者来说是完全免费的,但这并不意味着"开放存取出版"是零成本,"开放存取出版"的运作和发展都需要一定的经济基础。据统计,麦德林(MEDLINE)所提供的4500种期刊论文的处理费每年需要5000万美元,公共医学中心(PMC)每年用于150种期刊的论文处理费是250万美元。虽然"开放存取"资源的生产成本低于传统印刷型资源,甚至由于利用网络传播而实现了复制零成本，但如果没有足够的经费支持，"开放存取"资源的评审、传递、保存和网络平台的维护就都难以维持，免费只是针对读者获取信息而言的。目前"开放存取"所采用的主要经费筹措模式有作者付费（Author Pays）、机构津贴（Institutional Subsidies）和拨款（Grants）三种，有的"开放存取"出版者也通过广告收入、争取私人赞助、出售少量印刷版资源等其他方式补充收入。

作者付费并非"开放存取出版"模式创新之物，它在传统学术出版领域中就已存在，许多传统学术期刊都要求作者支付"版面费"或"彩色图表处理费"。在"开放存取出版"模式下，作者所支付的费用通常都来自所在机构。有些"开放存取"出版者采用"会员制"，即作者所在机构缴纳一定费用成为"开放存取"出版者的"会员"，该机构的科研人员在发表论文时可以享有一定的缴费折扣甚至不缴费，如英国生物医学中心和美国科学公共图书馆以及牛津大学出版社都采用这种方法。国外许多科研机构积极投入"开放存取运动"，为"开放存取出版"提供津贴——2003年11月，英国联合信息系统委员会（Joint Information Systems Committee，简称JISC）宣布实施一项15万英镑的援助计划，帮助出版商提供期刊论文的"开放存取"；2004年7月，美国白宫拨款委员会（House Appropriations Committee）建议由美国国家卫生组织（National Institutes of Health，简称NIH）赞助的科研项目成果应提供"开放存取"，美国国家卫生组织也很快做出回应，承诺今后由其赞助的研究项目的论文将尽快在公共电子论文数据库中提供免费存取。在拨款方式中，研究成果的出版成本被认为是科研成本的组成，因为研究成果的发表是科研活动的重要一环，没有研究成果的传播，科研活动就失去了意义。国外许多拨款机构接受了这一观念并已经开始为学术信息的"开放存取出版"提供资金。如美国著名的基金代理机构惠康基金会（Wellcome Trust）已将在"开放存取期刊"上发表研究成果作为拨款的一个条件，美国生物医学领域许多研究机构的科研经费提供者——如霍华德尤斯医学学会（the Howard Hughes Medical Institute）也开始考虑以在"开放存取期刊"发表论文作为下发科研经费的必要条件。

但"开放存取"的经费筹措仍然是有困难的。一方面，虽然"开放存取出版"经费大都不是由作者本人实际支付，但由于在"开放存取期刊"发表论文费用较高，仍然存在作者不愿付费的问题。美国科学协会（American Academy of Sciences）调查指出，只有5%的作者愿意支付出版费，其中80%声称如果出版费超过500美元就拒付。另一方面，现有的"开放存取期刊"经济机制存在一个十分重要的问题，即退稿处理费在出版成本中占很大比例，但无人为退稿付费。退稿在所有投稿中所占比例是很大的，如《自然》和《科学》每年所有投稿中只有3%能正式发表，退稿率高达97%。《科学》杂志2002年有11000份投稿，其中退稿就占了90%。退稿要经历与发表稿件一样的处理过程，同样是有处理成本的，但退稿的作者不用支付任何费用，仅靠录用稿件的作者付费根本弥补不了"开放存取"的出版成本。还有一个问题是，目前"开放存取出版"虽然多采用作者付费模式，但真正付费的是作者所在的学术机构、政府部门或基金代理机构，这实际上是增加了这些机构的负担。也有学者认为，由公共资金（纳税人资金）资助的科研项目其成果理应为公众免费获取，所谓取之于民用之于民，由科研机构提供"开放存取出版"费用是理所当然的。但不管论文"开放存取"出版费用由机构另行拨款还是对科研经费进行再分配，都会影响机构的经费预算，最严重的结果就是缩减科研经费和学术图书馆的预算，从而造成学术交流障碍。惠康基金会提出用"投稿费"（Submission fees）来解决"开放存取"成本问题，即所有稿件无论发表与否都在投稿时交纳稿件处理费。从"开放存取"出版者的角度来看，这是可行的；但对作者来说，不能发表论文的作者肯定是不愿意支付费用的。如果"投稿费"也由机构支付，那就超出了机构的经济承受能力，甚至可能引起抵触情绪。事实上，为了减少成本，"开放存取出版"真正减少的是对质量的控制——尤其是在"自建档"模式下。降低对论文质量的控制只会降低"开放存取出版"的声誉，影响作者学术地位的提高，危害科学研究，最终将导致作者投稿的减少。

虽然"开放存取出版"现有的经济机制不足以平衡出版成本，但"开放存取"出版界已开始采取多种尝试措施，力图减少出版经费负担。如英国生物医学中心通过收取查阅特定文章的链接费、向用户销售"开放存取"资源印刷复本、特别是为用户提供系列增值服务收取服务费等方法补充经费不足。《布达佩斯开放存取宣言》也利用广告，提供对应产品和增值服务，吸引研究机构、基金会、政府部门、私人提供赞助等多种方式获得资金，或通过与大型联盟/财团签署协议的方式降低出版成本，为用户提供大量的开放服务内容。但在现阶段，要保证"开放存取"发展具有经济上的可持续性，最好的办法应该是获取政策和法律的支持，使投稿和缴费制度化。随着"开放存取运动"的发展，也会有越来越多的组织机构重视这一新生事物，并愿意提供经济上的支持，相关政策保障也将进一步建立和完善。

（2）"开放存取"的质量控制机制

拥有充分的稿源是学术出版成功的先决条件之一。在影响作者选择出版载体的诸多因素中，载体的质量、学术声誉、影响力等尤其重要。从影响力来看，"开放存取"出版物的传播范围远远大于任何传统出版物，因为"开放存取"资源依托网络平台出版，利用"开放存取"资源几乎没有时间、地域、空间、金钱、版权、技术的限制。作者选择"开放存取"，是因为对科学信息的无限制存取可以促进学术交流和科学的发展，提升作者和学术机构的学术地位。但作者和期刊的学术声誉都来自论文质量而不是出版模式，所以质量控制机制是"开放存取出版"和传统出版都十分重视的问题。

在目前的"开放存取出版"中,"开放存取期刊"沿用传统基于订阅的印刷型期刊的质量控制机制——"同行评议"。由于利用了网络技术,"开放存取"出版物的"同行评议"实施起来就更加方便有效,目前所有的"开放存取"计划都认可了这种质量控制机制。"开放存取出版"和传统出版的质量证明体系利用的是同样的程序、标准和人员,因此是严谨可靠的,但"同行评议"制度本身并不是完美的质量控制机制。比如,编辑在选择评审专家时有可能犯主观错误,也有可能误用评审人的意见,评审专家自己也有可能由于专业能力和见识有限而不够谨慎有失公平。从作者的角度说,并不是每个人都能虚心接受评审意见,由于期刊存在质量等级的划分,几乎每篇论文都能最终发表在某一期刊上(作者可以连续不断地投稿,直至论文被某一刊物发表),在"开放存取"环境中这更容易实现。这个过程耗费了大量的时间和资源(包括编辑部的预算、审稿人的意见),审稿人甚至有可能被不同刊物要求评审同一份未经任何修改的稿件。从经济的角度来看,"同行评议"制度的实施是"开放存取出版"成本的主要消费点,现在许多"开放存取"研究者更加支持"开放存取仓储"的主要原因就是"开放存取仓储"不组织"同行评议",其所需成本远远低于"开放存取期刊"。

有的"开放存取期刊"出版者也尝试对"同行评议"制度进行改进。英国生物医学中心的所有"开放存取期刊"论文都要经过严格的"同行评议",此外还要求评审人员在所评论文之后署名,论文初稿、评审人意见、论文修改稿及定稿都同时在网上发布,并采用论文被引次数和编辑、评审专家意见相结合的方法评估每篇论文的学术价值。美国科学公共图书馆为了保证评审的公正,在对每篇论文进行评审时都会邀请一个不为美国科学公共图书馆工作(不从美国科学公共图书馆获得经济报酬,对研究成果没有投资)的学术编辑,而且评审人员也不知道被评论文是否免交出版费,是否会影响期刊出版成本。这样就保证了评审质量。

"自建档"方式虽不组织"同行评议",但它也不采用其他质量认定机制,而是间接地利用"同行评议"控制资源质量,尤其是"机构仓储"和"学科仓储",它们所接受的论文往往是经"同行评议"过的已发表的定稿。向"开放存取仓储"提交论文的作者多为从事科研工作的科学家以及从事学术研究和从事高等教育的学者,这些作者的身份和学识本身也使"开放存取"资源具有基本的质量保障。美国洛斯阿拉莫斯国家试验室是一个提供免费存取的开放数据库,每年发表25000篇新论文,每天的用户达35000人次。这个文档最初保存的是未经评议的预印本,它不组织"同行评议",但"同行评议"仍在起作用——保存在美国洛斯阿拉莫斯国家试验室开放数据库中的论文最终都将在传统的"同行评议"期刊上发表,论文发表后,文档中的预印本就被定稿取代并注明出处,这种措施既保证了科学交流的及时进行也保证了数据库的质量,同时也使作者在保存预印本时就必须以认真的态度对待。电子预印本系统基本没有审稿程序,实行文责自负原则,但也会采取一些措施稍加控制。如 arxiv. org,提交入档的论文没经过任何审核,但作者在提交论文时要进行注册,还要求作者提供所在机构的名称及机构赋予该论文的论文号,每篇电子预印本都按文献出处、收录时间、arxiv 存档号、标题、作者、文档学科主题分类进行著录,提供参考文献和被引情况的链接,并提供文档利用率方面的统计功能,还有用户调查、读者阅读次数前10篇论文的相关期刊链接等服务项目。这些措施从客观上约束作者不能随意提交论文,在一定程度上保证了论文质量。有的预印本系统只对作者提交的文章进行简单审核——如中国预印本服务系统(http://prep.nstl. gov. cn/eprint/index. jsp)就只是对上传论文进行粗略审核,系统会删除非法、有害、淫秽、胁迫、骚扰、中伤他人的、诽谤、侵害他人隐私或诋毁他人名誉或商誉的、种族歧视或其他不适当信息,以及与学术讨论无关的内容,对文章不进行学术审核。但该系统用户提交文章后,允许随时根据自己的需要和改动情况追加、修改提交论文,系统将严格记录作者提交文章和修改文章的时间,可以向作者提供发表论文时间的证明,便于作者公布自己的创新成果。

"开放存取出版"要发挥促进学术交流的作用,质量控制是必不可少的一环。"同行评议"虽然不完美,但它确保了论文质量相关数据的提供,这一点得到了"开放存取"领域的普遍认可。学术出版界将这种质量证明体系视为是学术信息的质量标志,"开放存取出版"要采用其他的质量控制机制还有待对替换系统进行仔细的测试,至少替换系统在维护被评文献质量方面应达到与"同行评议"制度相当的效果。目前还尚无一个更好的质量控制系统可以取而代之。

(3)"开放存取"的版权保护机制

在有关"开放存取"的争论中,版权解决方案是一个焦点。"开放存取"虽然要消除学术交流系统中的法律障碍,但它是以版权许可为准则的。"开放存取"让作者允许公众对其作品无偿使用,但前提是作者自愿。选择"开放存取出版"的作者允许自己的作品被任何网络用户无限制地阅读、下载、复制、检索、链接、甚至产生派生作品,或为个人使用打印少量复本,作者拥有控制作品完整性的权利和署名权。"开放存取"与现有版权法并不冲突,它是在版权许可的范围内进行的,正如彼德·萨伯(Peter Suber)所说:"OA利用版权人许可、或到达版权保护期限的作品,因此无须废除、改进或违反版权法。"[1]

由于学术信息的作者发表研究成果的目的不是要获取经济利益,而是实现研究工作的学术价值、提高学术声誉、促进学术交流和科学

---

[1] See Peter Suber, *Open Access Overview: Focusing on open access to peer-reviewed resend articles and their preprints*, http://www.earlham.edu/~peters/fos/overview.htm (last viewed March 11, 2006).

发展，因此大多数作者都接受"开放存取"理念，愿意放弃作者的大部分专有权，实现作品最大范围的传播。作者也许会有一定程度的经济损失，但他们获得了更多的学术利益。在"开放存取"发展的初期，作者选择"开放存取出版"，就意味着自动生成许可，作者只拥有对作品控制完整性的权利和署名权。这种许可方式是"开放存取"环境中最简单的版权保护方式，节约了大量的人力和物力，为数字化环境中信息服务机构提供学术信息服务、读者没有法律障碍地利用科学信息提供了很大的方便。但简单并不意味着完善。没有制度和法律的保障，就使自由度非常大的"开放存取"资源极易被破坏性使用，从而使作者遭受学术上的损失，甚至误导学术研究。因此，"开放存取"仍然需要具有法律保障的授权机制。在"开放存取"出版领域，日益采用和普及的授权机制是"创作共用协议"。

"创作共用协议"于2001年在公共领域研究中心（Central for the Public Domain）的支持下由一个数字、法律和知识产权专家小组开创，现在由斯坦福大学法律学院（Stanford Law School）主持。它是网络数字资源的许可授权机制，致力于增加在线信息资源数量，减少创造性活动的障碍，使网络信息存取在低成本的条件下更加易于实现，从而让任何创造性作品都有机会被更多的人分享和再创造，共同促进人类知识作品在生命周期内产生最大价值。"创作共用协议"旨在日益增多的限制条件中建立一种灵活合理的版权保护机制，在作者自愿的前提下通过让作者保留部分权利（而非全部）使作品得到最广泛的传播，以实现合作与共享。从2002年12月起，"创作共用协议"发布了一系列方案，进一步完善了对创造性作品既保护版权又鼓励开放使用的授权机制。

"创作共用协议"的组成有四个基本元素——署名（Attribution），允许使用者在注明创作者和版权人身份的条件下自由使用其作品；非商业用途（Noncommercial），允许对作品非商业目的的自由使用；禁

第三章 文献信息资源"开放存取"

止派生作品（No Derivative Works），允许对作品的自由使用，但不能改动作品内容甚至产生派生作品；保持一致（Share Alike），允许按照与当前协议完全一致的许可协议分发派生作品（该条款只适用于允许派生作品的情形，并且不能与"禁止派生作品"同时使用）。这4个基本元素可自由组合成11种授权方式，使作者能够在比较自由地保留部分权利的条件下实现作品的广泛传播。这11种组合方式分别是：署名，署名—非派生作品，署名—非派生作品—非商业用途，署名—非商业用途，署名—非商业用途—保持一致，署名—保持一致，非派生作品，非派生作品—非商业用途，非商业用途，非商业用途—保持一致，保持一致。这些组合方式构成了从"松"到"紧"的授权机制，给作品创造者提供了更加灵活便利的选择。一旦作者选择了其中一种组合，他就将同时获得三种不同表达方式的许可协议：第一，共用约定（Commons Deed），是一种简单的许可协议解释，带有相关图标示意，让别人可以清楚地明白作者的权利；第二，法律文本（Legal Code），是可在法庭出示的协议的完整法律文本；第三，数字代码（Digital Code），是计算机可读的协议编码，它使搜索引擎及其他应用软件可以确认作者的作品和有关使用条款。在使用许可协议时，作者要在作品附近明显位置设置一个"保留部分权利"的图标，保证作品与"共用约定"（Commons Deed）页面的链接，以便使用者注意许可条件，防止侵权使用。

"创作共用协议"授权机制因方便灵活而得到"开放存取"出版领域的青睐。大多数"开放存取"出版者都直接或间接采用了这种授权方式，如美国科学公共图书馆和英国生物医学中心。中国也于2003年11月1日发布了中文版"创作共用协议"项目。"开放存取"对"创作共用协议"授权机制的认可，进一步表明"开放存取"并非要摆脱版权保护，也不是要作者完全放弃应有权利，而是希望在不与版权保护相冲突的前提下通过作者保留部分权利，实现对学术信息的广泛传播,并达到调整、平衡学术信息生产者、传播者和使用者的利益的目的,这与知识产权保护的初衷是一致的。"开放存取"并不是学术信息的任意获取或使用,它仍然只有在制度的保障下才能得到良性发展,只不过"开放存取"的版权保护机制还有待进一步的完善。

需要指出的是,现代社会的信息化发展有赖于广泛的信息资源共享,尤其是在知识经济和网络技术日益发展的社会条件下,信息已经成为个人、国家乃至整个人类社会发展的核心资源,及时有效的信息交流是保证科学、教育、经济、军事迅速发展的重要基础,也是促进人类信息化进程的重要手段。创造一个宽松的法律环境促使具有较高学术价值的科学信息共享的实现有着十分重要的现实意义,只有在整个社会的法律制度和管理机制逐步健全的条件下,"开放存取"的发展才能获得更好的保障。

"开放存取运动"兴起和发展的历史不长,它本身的不成熟使它在学术交流系统中尚未确立主导地位,但"开放存取"针对学术交流过程中的经济、法律和技术障碍设计了其基本机制,并利用现代技术和学术领域的共享理念消除了这些障碍。"开放存取"的定位和目标迎合了学术领域的期望,并在发展的过程中显示出了勃勃生机,它深刻影响了传统学术交流系统的各个方面。在"开放存取"环境迅速形成的背景下,作为传统学术交流系统重要组成的学术图书馆必须正视新的机遇和挑战,调整发展策略,才能在新环境中发挥自身的作用。

(三)"开放存取"对学术图书馆的影响分析

通过前述分析可以看出,作为一种新兴的学术信息交流模式,"开放存取"无论是经济机制、质量控制机制,还是版权保护机制都与传统学术出版模式有很大区别。学术图书馆是传统学术交流系统中不可或缺的重要环节,"开放存取"的发展势必会对其角色定位、经费、资源建设、机构功能等产生重大影响。

1. 角色定位

学术图书馆是与公共图书馆相对而言的概念，它主要对一个或多个学科的资料进行系统深入的收藏并提供服务。学术图书馆包括高校图书馆、科研机构图书馆、专业图书馆和信息中心，这些图书馆是学术信息的主要管理中心，是传统学术交流系统中最重要的信息服务机构。学术图书馆的主要职责是跟踪用户需求，系统地保存所有学术研究记录下来的知识，并向所有学者开放，提供准确及时的科学信息服务。图书馆从出现之日起就承担着保存人类文化遗产的职责，经过长期积累和发展，已形成了比较系统完整、品种丰富的馆藏。尤其是承担着为教学和科研提供学术信息服务职责的学术图书馆，它们紧密结合本系统、本单位各专业的科研和教学任务，有重点地收集、整理、保存、提供各学科和相关学科的信息资源，就某一学科来说，其资源往往是相当丰富完整的，并且具有历史延续性的特征，资源质量也有保障。

在传统学术交流系统中，学术图书馆是中介性的角色，它的中介作用体现在对信息资源进行收集、组织、揭示和传递的过程中。在这个系统中，信息资源由作者提交给出版商，图书馆从出版商处订购获得，经图书馆组织加工后提供给用户使用，或者用户从出版商、代理商处直接购买。如图3-1所示。

学术图书馆是这个框架中的主要环节。它历来是重要的文献资源组织和收藏机构，也被出版商视为最重要的学术期刊市场，同时又是读者和作者所依赖的主要信息获取渠道。但出版商在整个系统中控制着学术资源的价格和进入交流渠道的信息内容（可能由于期刊版面所限不能出版更多高质量的研究成果），这使学术图书馆处于十分被动的局面，也严重影响了整个知识创新的进程。

在"开放存取"环境中，学术图书馆比其他类型的信息服务机构

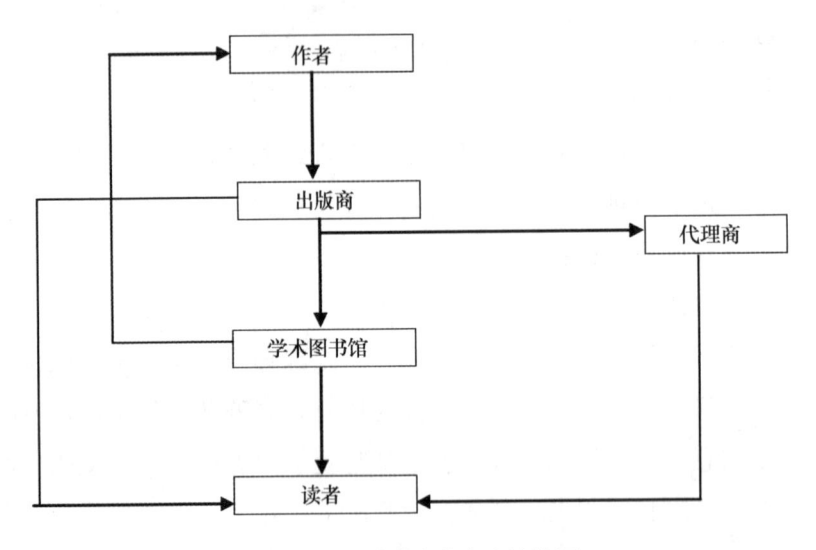

图 3-1 传统学术信息交流简图

拥有更多的实现学术信息自由交流的优势，它能够为"开放存取"的运行提供资源组织、存储空间和人力维护。但学术图书馆所遭遇的挑战也是巨大的：用户可以不利用图书馆，直接在网络平台上实现学术信息的自主存取和交流。从"开放存取"实现原理来看，学术图书馆并不是"开放存取"机制的必要组成部分，甚至还有很大的可能脱离学术交流系统。它在"开放存取"环境下的学术交流系统中能发挥多大作用，完全取决于它自己的态度和行动。学术图书馆必须重新审视自己的使命并进行角色定位，才有可能保持并提高自己在新的学术交流系统中的地位。

"开放存取"为缩短信息流通时间、提高信息利用效率，尽可能消除了信息交流过程中的经济、技术和法律障碍，学术信息资源传播环节在网络平台上也尽可能地被简化，使信息交流过程发生了很大改变，其基本过程如图 3-2。

甚至于如果学术信息资源的用户就是学术信息提供者，假设没有其他领域的人利用这类资源，图 3-2 又可简化为图 3-3：

第三章 文献信息资源"开放存取"

```
    ┌──────────┐
    │   作者    │
    └────┬─────┘
         │
         ▼
    ┌──────────────┐
    │ OA资源管理系统 │
    └────┬─────────┘
         ↕
    ┌──────────┐
    │   用户    │
    └──────────┘
```

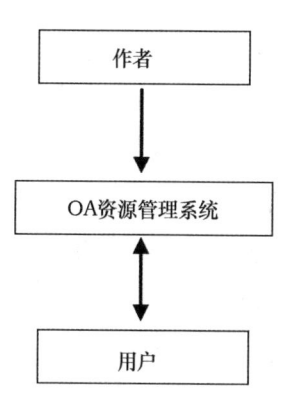

图3-2 "开放存取"环境下学术信息交流图

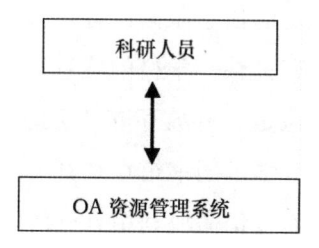

```
    ┌──────────┐
    │  科研人员  │
    └────┬─────┘
         ↕
    ┌───────────────┐
    │ OA 资源管理系统 │
    └───────────────┘
```

图3-3 "开放存取"环境下学术信息交流简图

在图3-2和图3-3中,"开放存取"资源管理系统承担着"开放存取"资源出版、组织和传递等多种职能。学术图书馆有机会控制这个系统,但该系统也可能由科研机构或稳定的"开放存取"出版者来控制。也就是说,如果学术图书馆不参与"开放存取"资源管理,就会被排除在学术交流系统之外。在"开放存取"环境中,学术图书馆必须控制"开放存取"资源管理系统,它的服务对象不再是单一的读者群,而是要同时面对科学信息作者和读者提供服务。在面对科研工作者时,学术图书馆应该是"开放存取"出版者和"开放存取"资源传播者,提供学术信息实时动态的双向交换服务,使每个进入"开放存取"资源库的用户都受益;在面对普通用户(欲了解、借鉴学术信息的用户,但本身不是学术信息生产者)时,学术图书馆仍然扮演着科学信息传播者的中介角色。换句话说,"开放存取"环境下的学术图书馆在学术交流系统中应承担"开放存取"资源出版者和传播者的双重角色。

随着计算机和国际互联网的繁荣普及,大多数学术图书馆都拥有了网络基础设施,能够提供网络信息服务所需的人员和技术设备,可以消除"开放存取"机制中的硬件障碍,保证用户不受时间、空间和地域的限制存取学术信息资源。学术图书馆的用户群和"开放存取"资源提供者都是学术信息资源的发布者或利用者,这个群体的中心——学术图书馆是学术信息资源管理者,学者们出于学术利益、图书馆出于自身职责,各参与方都会支持"开放存取"。"开放存取"模式的出现并不能取代传统的信息服务内容,科研工作和教育活动都需要利用大量系统完整的有关某一学科的信息资源,学术图书馆长期积累的系统完整的传统馆藏是"开放存取"资源的重要储备,仍然具有很大的利用价值。因此,学术图书馆在"开放存取"环境中不仅不能放弃传统的信息服务,而且仍需要利用自己的资源优势丰富"开放存取"的内容和实践方式。同时,学术图书馆丰富的信息资源组织经验、成熟的资源管理和传递的标准化方法以及高素质的信息人员队伍也使其具备保障"开放存取"资源质量和存取的能力。在以学术图书馆为中心的"开放存取"模式中,所有的用户只要遵守共享规范就都是平等的,他们可以充分利用他们认为最有价值的资源,扩大学术交流的方式和范围,提升"开放存取"资源的使用价值。学术图书馆传统的用户教育方法也仍然能为"开放存取"机制的实现发挥作用。学术图书馆通过对用户、上级机构、相关团体的宣传教育,能够赢得更广泛的精神支持和经济帮助。一旦学术图书馆完成了角色转换,它自身的优势将使它促进"开放存取"的深入发展,实现学术信息资源自由共享,并继续成为学术交流新模式的重要环节。

2. 服务理念

自 1850 年英国颁布第一部图书馆法以来,先后已有 60 多个国家颁布了250多部图书馆法规。这些图书馆法规都明确指出图书馆是保存和传播科学文化知识，推进终身教育和经济发展及社会进步的免费为社会公民提供服务的公益性文化教育机构。但随着市场经济的发展，图书馆的公益性日益淡化，"有偿服务""图书馆产业化""图书馆市场化"的呼声此起彼伏，在数字图书馆出现后，甚至有人提出将数字图书馆进行企业化经营。这些现象的出现皆源于图书馆经费不足和社会地位低下等原因，其本意也是为使图书馆事业能更好地发展，是对图书馆在市场竞争环境下求生存、求发展的探索。但图书馆公益性的淡化使图书馆事业的发展偏离了正轨。美国著名图书馆学家谢拉曾经指出，"服务，这是图书馆的基本宗旨"。国际图书馆协会联合会主席汉斯·彼德盖在第56届国际图书馆协会联合会大会开幕词中说，图书馆应当"毫无阻碍地免费向任何人提供信息"。中国著名图书馆学者彭裴章也曾指出，图书馆的国家投资形式决定了"它的公益性、事业性"。学术图书馆多为科研机构下属图书馆、高校图书馆及大型专业图书馆，这些图书馆的经费大部分来自所属机构，其职能是为教学和科研提供信息服务，是教学和科研工作的重要组成部分。从本质上说，学术图书馆也是学术性机构，为学术交流提供免费信息服务是其基本职责，它的公益性特征应该更加突出。但现实情况是，许多学术图书馆都有自己的"创收"项目——比如办借阅证收费、电子阅览室上机收费、咨询收费等，甚至出现了"一馆两制"的现象。所有这些"有偿服务"都给学术信息交流设置了人为的障碍。"开放存取"理念对整个学术交流系统产生了重大影响。"开放存取"提出了无障碍交流科学信息的理念，并通过"自建档"和"开放存取期刊"这两种方法实现了"开放存取"的设想。"开放存取"的共享学术信息的精神实质迎合了图书馆公益性的本质特征，也表明开放的学术交流系统是科学发展的必要条件。它的成功实践引起了学术图书馆对自身发展的理性思考。在"开放存取"环境中，作为学术交流系统的重要环节的学术图书馆，应该重新确定自己的发展原则，为广大科研工作者、教师、大学生提供真正的学术信息共享服务。

3. 机构功能

传统图书馆存在的意义在于它是收集、整理、保存、提供利用文献信息的科学、文化、教育机构。它的基本职能是收集、整理、保存、传递文献信息资源，进行社会教育并开发智力资源。"开放存取"出版模式对学术交流系统产生了革命性的影响，也拓宽了学术图书馆的功能，尤其是促进了以机构为单位的学术机构间的交流。

从20世纪末以来，网络的迅速普及为最大限度地实现信息资源共建、共享提供了技术支撑，但信息资源共建、共享仍然受到观念、资金、技术、标准、基础设施、法律、语言等因素的影响，而且信息资源的共建、共享在很大程度上也仅限于图书情报领域的合作。"开放存取"的实现方式消除了学术交流中的大部分障碍，尤其是"机构仓储"的创建方式解决了学术图书馆的经济和技术顾虑，并为其提供了促进学术机构内部交流的手段。

"机构仓储"不要求作者付费，更易于被科学信息的作者和科研机构所接受。"机构仓储"接受期刊论文、学术论文、技术报告、会议文献、电子预印本文件、数字化的传统资源、数据库等多种常见的学术资源，也接受课件、学习对象（Learning Objects）、视听资料、图像等部分数据库不收录但具有较高学术价值的资源，既全面系统地反映了所属学术机构的教学和科研成果，有利于分析学术机构自身教学和科研的优势与不足，衡量现有的研究水平和明确今后的发展方向，也可作为对外展示其综合实力的窗口，以提高该学术机构的知名度和影响力。一般来说，信息一旦输入数据库就不再发生变化，"机构仓储"为了使最新研究成果能在最短的时间内发布，提交者可根据自己的最新研究随时修改、更新之前提交的信息，使"机构仓储"具有动态性特点，可以加快学术交流的速度。"机构仓储"对所有网络用户不抱任何偏见，任何用户随时都可以通过国际互联网不受限制地合理利用其中的知识资源，这既利于本领域学者之间的学术交流，也利于其他学科研究者跨学科获取知识与信息，更重要的是它打破了国家界限，特别是有助于发展中国家的科学研究者追踪世界著名学府研究的最新发展，从一定程度上缩小了发展中国家与发达国家之间的"信息鸿沟"和"数字鸿沟"。支持"机构仓储"的开放软件系统已日渐发展成熟，大部分"机构仓储"都采用了可免费获取，允许自由修改、更新和传递，并符合开放文档先导—元数据收割协议（OAI-PMH）的软件系统，因而具有良好的互操作性，在技术上更好地支持了全球学术信息开放共享。"机构仓储"以机构为单位，在资源组织、经费支持等方面更便于学术图书馆创建本馆、本机构的仓储，并对分散在不同节点上的"机构仓储"建立链接和提供服务，也可以供其他机构对本馆"机构仓储"互联，促进不同机构间的学术交流，实现学术领域而非仅限于图书情报领域的资源共享。目前的"机构仓储"很多都是由高校图书馆、科研机构图书馆创建和维护的，比较著名的如美国佛罗里达州立大学图书馆的 D–Scholorship "机构仓储"、德国斯图加特大学图书馆的 OPUS 网络出版系统、加拿大魁北克拉瓦尔大学图书馆设计的 Archimede "机构仓储"系统等。随着"开放存取运动"的迅速发展，已经有越来越多的学术图书馆积极参与"开放存取"，形成了以学术机构为基础的学术交流前沿阵地。

4. 经费预算

在传统学术交流系统中，图书馆主要依靠学术期刊市场获取科学信息。学术期刊市场的特殊性在于：第一，决定期刊高昂价格的根本因素不是生产成本和供求关系，而是市场的最大承受能力。第二，为学术信息付费的是学术图书馆而不是最终用户。用户希望图书馆能够提供他们需要的所有资源，但出版商对学术期刊价格的绝对控制权以及图书馆的经济依赖性使图书馆无法完全满足用户的愿望，这就使学术图书馆遭遇了"经费危机"。

　　计算机技术和网络技术的发展，一方面使信息产品呈几何级数增长，另一方面也使信息产品价格成倍增加。在学术期刊300多年的发展过程中，期刊数量从1800年的90多种激增到了现在的10000多种，但在市场机制的作用下，越来越多的私人资本被投入到学术出版中，电子期刊出现后也被出版商迅速垄断，并日益集中在少数出版商手中，其结果是学术信息迅速商品化，期刊价格大幅度上涨，图书馆可获取的资源越来越少。据美国研究图书馆协会（Association of Research Libraries，简称ARL）统计数据表明，1986—2001年，其成员馆订购期刊的支出增长了210%，而期刊购买力却下降了5%，平均每本期刊价格增长了215%。[1] 美国大专院校图书馆的购书经费比例如表3-2所示，该表显示，从2001年到2005年美国学术期刊平均刊价增长了38.15%，平均每年增长8%。

表3-2　美国大专院校图书馆订购国际期刊2001—2005年统计数据[2]

图书馆类型	品种占订购总数百分比（%）	费用占订购总数百分比（%）	2001年平均刊价（US$）	2002年平均刊价增长（%）	2003年平均刊价增长（%）	2004年平均刊价增长（%）	2005年平均刊价增长（%）	2005年较2001年总体涨幅（%）
大专院校类图书馆（College & University）								
美国出版期刊种数	73.80	51.50	251.90	8.2	7.94	7.9	6.61	34.34
非美国出版期刊种数	26.20	48.50	630.40	7.47	9.27	10.94	9.33	42.44
全部种数	100.00	100.00	351.04	7.86	8.56	9.33	7.91	38.15

---

[1] See Thomas J. Liesegang, *The Open Access Initiative in Scientific and Biomedical Publishing: Fourth in the Series on Editorship*, American Journal of Ophthalmology, Vol. 139, Issue 1, January, 2005, pp. 156-167.

[2] 成博：《开放存取运动中的高校图书馆》，http://prep.istic.ac.cn/docs/1142860664428.html。

第三章 文献信息资源"开放存取"

据不完全统计，中国高校图书馆的期刊采购费用一般占其全年整体支出费用的10%—15%左右。自2000年后，中国国内平均期刊价格涨幅约为86%，而中国高校图书馆期刊订购的涨幅比20世纪90年代同期只增加了9%，并且不少学术图书馆还出现期刊订购减少的现象，如北京市社科院图书馆于2000—2005年未购进任何外文原版图书。

期刊价格的迅速上涨使学术图书馆在预算有限的条件下不得不放弃对某些资源的订购。这种情况使学术图书馆不能顺利开展信息服务，不能满足读者的信息需求，极大地破坏了学术交流的系统完整性。图书馆也曾努力尝试利用其他途径来缓解这种矛盾——比如馆际互借、图书馆联盟、集团采购等，但这些措施并不能从根本上解决图书馆的经费困难，因为它们无法对传统出版市场形成有力的冲击，只能通过变通的方式减低部分资源价格，或提供有限的资源共享。由于市场调节的缺失，大型出版商还是控制着学术出版市场并从中获取高额利润。

"开放存取"所形成的学术信息自由环境有可能缓解学术图书馆的经费危机。"开放存取出版"为学术图书馆提供了更多的免费信息源，图书馆可以取消部分传统期刊的订购，减少有关价格和许可条件的谈判工作，从而节省预算。学术图书馆的用户多为学者、教师、科研工作者、大学生，他们既是"开放存取"资源的利用者，也是"开放存取"资源的生产者，对于学术图书馆来说，只要为他们提供实现"开放存取出版"的途径即可。学术图书馆可以利用现有的资金和设备为用户建立"机构仓储"并收集、整理、链接相关的"开放存取"资源就能实现学术信息的自由交流，这并不会过多地影响学术图书馆的经费预算。也有人指出，"开放存取期刊"的作者付费模式同样会给图书馆预算造成威胁（学术图书馆也许得拿出部分资金为作者支付"开放存取出版"的费用），但学术图书馆的经费来源多为所属科研机构、大学、政府部门的赞助和拨款，所以从这个角度上说，为图书馆用户支付"开放存取出版费"或"开放存取会员费"应该是对已有经费的合理分配和使用。"开放存取"对作者的吸引力极大地打击了传统出版商,在"开放存取运动"兴起和发展的短短几年里,传统出版业已经经历了消亡或转型的危机。虽然期刊价格没有明显下降,但许多大型出版商不得不放宽了对"开放存取出版"的限制,允许作者可将定稿保存在"开放存取仓储"中(如施普林格和爱思唯尔),也有出版商开始提供一定时限后的期刊内容免费获取(如《自然》提供期刊论文缩微版六个月的在线免费存取),这无疑会缓解"学术期刊危机",给学术图书馆的发展带来转机。

5. 资源建设

从封闭走向开放是文明社会的标志,也是图书馆发展的历史写照。开放服务是现代图书馆的重要特征,"开放"意味着资源开放、时间开放、人员开放。但随着知识产权法律体系的日益完善,图书馆在网络信息资源建设过程中受到了多种限制,信息上传、信息包装、信息链接、信息设计、信息传递等工作都受到了知识产权法律体系的约束。目前的知识产权法律体系赋予智力成果权利人充分的独占权,使学术图书馆在馆藏数字化、网络信息资源开发等活动中深受限制,无法充分发挥其在科研和教学过程中应发挥的作用。比如,1998 年美国的《数字千年版权法》规定,"即使个人或机构仅从网络上下载了有版权的资源,并未滥用之从中获利,仍然被认为是盗版行为","非营利性图书馆、档案和教育机构可以避开版权保护的技术措施而获得浏览商业开发的著作权作品,但限制该类机构仅在它不能依靠其他的途径获得同一作品的复制件时才可以这样做,并且不能持续浏览超过必要的时间,且这类机构不能利用此除外责任获得商业利益的金额收益"。① 这种严格的版权限制,对科研人员存取学术信息及学术

---

① 《数字千年版权法》, Pub. L. No. 105 – 304, 112Stat. 2860, 1998 年发布。

第三章 文献信息资源"开放存取"

图书馆的网络资源建设设置了极大障碍。

图书馆界就图书馆在利用电子信息方面应享有的例外和豁免权利曾进行过许多努力。国际图书馆协会联合会（IFLA）早在1996年就发表了《关于数字环境的立场声明》，呼吁在网络环境下，著作权应继续保留合理使用和图书馆的例外条款。有些图书馆尝试通过获取集团许可证或国家许可证推进公共信息获取，也取得了一定的成效。但这些活动仍然是在信息生产者的授权许可下有限制地（甚至是付费）进行。尽管图书馆界一直在努力争取更加宽松的资源获取政策和条件，也一直利用合理使用原则和公有领域信息提供开放信息服务，但对于非"开放存取"的数字资源以及未到达版权保护期的传统印刷型文献仍然不能提供"开放存取"服务。

"开放存取"的宗旨就是消除学术信息资源在存取过程中的一切障碍，但同时又是在知识产权法律许可范围内进行的。在"开放存取"出版模式中，作者有选择"开放存取出版"的权利，也有选择非"开放存取出版"（即传统出版方式）的权利，只要作者在提交论文时遵守一定的协议（如"创作共用协议"）就可以在保留部分权利的同时实现论文最大范围的传播；另外，"开放存取"资源的作者也希望能以"开放存取"的方式获取他人的学术成果，促进个人研究和学习。对用户来说，对"开放存取"资源的获取和使用几乎是没有约束的，所有"开放存取"资源可为任何人无限制地获取，而不需要程式化的授权和声明。"开放存取出版"以最简单的方式解决了复杂的版权限制问题。学术图书馆不仅是"开放存取"资源管理系统，它在获取"开放存取"资源时也是以"开放存取"资源用户的身份履行职责。学术图书馆可以不再被动地依靠出版机构和索引机构获取资源，而是要根据用户需求主动去发现、识别"开放存取"资源，并将这些资源列入图书馆目录或数据库列表之中，使用户能够集中了解、选择、检索信息。对于图书馆来说，"开放存取"的资源的维护也比传统馆藏更易实现，它不需要支付订购费，也不需要许可谈判，节约下来的经费可直接用于非"开放存取"资源的获取。"开放存取"的宽松的版权限制使学术图书馆的资源获取和信息服务变得简单易行。

6. 资源保存

学术图书馆的一个主要职责是完整、系统地保存一个或多个学科的资料，随着技术的发展，不同类型的数字资源日益成为学术图书馆馆藏的重要组成。但对学术图书馆来说，承担数字资源的长期保存任务是一个挑战。首先，是权限问题。数字资源的长期保存涉及复杂的法律问题——如信息资源的加工、软件开发、信息检索、下载、保存都会涉及著作权及合理使用限制。其次，是精力有限。学术图书馆有自己的馆藏发展方针，它们对资源的类别、质量有特定的选择标准，而数字资源的类型和数量都在迅速增加，尤其是网络资源的质量和有效性都很不稳定，对保存对象的选择就需要学术图书馆花费很大的精力。最后，是能力有限。学术图书馆虽然具有保存科学信息的能力和任务，但其所能提供的存储空间、经费投入、人力维护以及存储技术仍是有限的。

"开放存取"资源是一种特殊的具有较高学术价值的数字资源，学术图书馆要确保馆藏的系统完整就必须承担对"开放存取"资源的长期保存。"开放存取"机制本身承担了一部分资源组织职能，消除了实现数字资源长期保存的部分困难，极大地方便了学术图书馆完成这一任务。"开放存取"机制缓解了学术图书馆的"经费危机"和"许可危机"，消除了资源获取障碍。各类"开放存取"文档都可直接或间接地对"开放存取"资源进行质量控制，并按主题组织信息，使"开放存取"资源的选择和组织变得比较容易。"开放存取"出版模式从起步阶段就遵循了标准化的原则，目前支持"开放存取"文档的软件系统都采用开放文档先导—元数据收割协议（OAI-PMH），使网络搜索工具可搜索任何"开放存取"资源,为实现各资源库的互操作和跨库检索打好了基础。开放文档先导—元数据收割协议(OAI-PMH)配置简单,数据提供者只需经过简单编程和配置 Web 服务器便可以对开放文档先导—元数据收割协议(OAI-PMH)的请求进行解析,并且返回 XML 编码的元数据。相应的,采用开放文档先导—元数据收割协议(OAI-PMH)进行元数据共享成本也很低。开放文档先导—元数据收割协议(OAI-PMH)也是多数开放软件共同遵守的协议。现有的开放软件系统已经发展成熟,并都可以支持一个机构在不受机构自身技术条件限制的情况下建立一个遵循开放文档先导—元数据收割协议(OAI-PMH)的开放电子文档,为学术图书馆"开放存取"资源的长期保存提供了技术支持。学术图书馆是具有稳定经费来源的学术机构,是承担"开放存取"资源长期保存任务的最佳实体,但任何一个图书馆要集中保存所有的"开放存取"资源都是不可能的。利用开放文档先导—元数据收割协议(OAI-PMH)进行"开放存取"资源的分散保存,实现各"开放存取"资源数据库的互操作和跨库检索是具有可行性的。虽然"开放存取"资源长期保存的具体技术问题比较复杂并有一定的难度,但这种技术难题也并非"开放存取"特有。学术图书馆完全可以利用自身的技术、人员、经验优势和现有的数字资源保存解决方案来完成这一任务,并确保网络环境下"开放存取"资源共享的长期有效。

(四)学术图书馆在"开放存取"环境中的发展战略

1. 发展现状

国际互联网的发展和普及为人们提供了广泛的信息存取空间,也使网络用户能够仅通过搜索引擎等网络检索工具就可以方便地获取所需资源,"开放存取"则以更加专业的方式强化了学术信息资源的无障碍交流。"开放存取"以一种完全开放的形式为科研工作者提供了学术成果出版及获取途径,使学术交流系统发生了很大改变。在"开放存取"环境下的学术交流过程中,学术图书馆往往是可以被忽略和回避的。图书馆界已意识到危机与机遇的并存,为了维持自己在学术交流系统中的中心地位,它们开始积极参与"开放存取",并不断改进自己的发展策略。具体来说,目前,学术图书馆在"开放存取"环境下的发展主要有以下特征:

(1) 参与实体不断增多

随着"开放存取"的迅速发展,越来越多的学术图书馆参与了"开放存取"实践。这些学术图书馆或以个体为单位,或以联盟的形式参与"开放存取"的实践和研究,虽然目前还无法提供一个准确的数字,以此来说明有多少学术图书馆参与了"开放存取运动",但可以肯定的是,这一数字还会迅速上涨。

目前,一些规模较大的学术图书馆协会已经开始积极采取行动,并取得了一定的成果。学习和专业团体出版者协会(The Association of Learned and Professional Society Publishers,简称 ALPSP)已发表声明支持对学术文献提供最广泛的存取,并鼓励其成员对不同经营模式进行实验,以寻求最佳的"开放存取"实现方法。美国医学图书馆协会(Medical Library Association,简称 MLA)已将它的"同行评议"期刊转变为"开放存取期刊",并在公共医学中心中提供1911年创刊的《美国医学图书馆协会简报》(Bulletin of the Medical Library Association) 所有内容的"开放存取"。俄勒冈图书馆协会(Oregon Library Association,简称 OLA)于 1997 年将《俄勒冈图书馆协会季刊》(OLA Quarterly,即 OLAQ)的内容提供"开放存取",并对俄勒冈图书馆协会网站进行了整体上的重新设计,增强了其"开放存取"服务的稳定性。华盛顿图书馆协会(Washington Library Association,简称 WLA)也从 1997 年起在自己的网站上提供期刊《阿耳基》(Alki)的"开放存取",每期内容在出版 12 个月后就可免费在线获取,新出版的内容提供目录信息。2003年,华盛顿图书馆协会(WLA)的编辑委员会提出向华盛顿州所属的所有图书馆免费提供该期刊的全部内容。

除此之外,许多个体图书馆也逐渐开始提供"开放存取"服务。事实上,在过去的十几年中,许多图书馆已出版过自己的免费电子信息资源。1989年,休斯敦大学图书馆在网上创建了《公共存取计算机系统评论》(*The Public-Access Computer Systems Review*),1996年又出版了可免费获取的电子书——《电子学术出版书目》(*Scholarly Electronic Publishing Bibliography*),并经常更新其内容。1990年,弗吉尼亚州立大学及理工学院图书馆(Virginia Polytechnic Institute & State University Libraries)出版了《国际饭店研究学报》(*The Journal of the International Academy of Hospitality research*)等一系列电子期刊提供网络免费存取。随着"开放存取运动"的发展,提供"开放存取"服务的学术图书馆越来越多。有的成为"开放存取"出版者——如康奈尔(Cornell)大学图书馆的出版机构,以及爱德荷(Idaho)大学图书馆和华盛顿大学图书馆等,都开始出版各自的"开放存取期刊";斯坦福大学图书馆的出版机构HWP(High Wire Press)与著名的协会、大学出版社和商业出版机构合作,创建了内容全面丰富、检索功能强大的在线期刊网站,目前它已拥有了30多种高质量"同行评议"期刊的在线版本,可提供197份期刊过刊内容的免费访问;南欧观察站(ESO)的图书馆及美国洛斯阿拉莫斯国家试验室的图书馆提供开放性的预印本档案服务。有的学术图书馆提供"开放存取"信息服务——如耶鲁、理海等著名大学的图书馆在其网页上提供与"开放存取出版"有关的信息,并提供链接服务。有的学术图书馆承担了"开放存取"资源的长期保存任务——如公共医学中心不仅提供生命科学期刊的"开放存取",还承诺对该系统中的"开放存取"资源进行长期保存。

（2）参与方式多种多样

在"开放存取"发展之初，学术图书馆多是向决策者、投资者、学术信息作者和用户广泛宣传和介绍"开放存取"，并利用"开放存取"资源丰富馆藏、开展信息服务。这种宣传工作对"开放存取"的迅速发展和普及起到了很大作用。现阶段，学术图书馆更是通过多种途径直接参与"开放存取运动"：承担"开放存取"资源出版者的任务——比如许多图书馆（尤其是高校图书馆）开始出版"开放存取期刊"，并遵循开放文档先导—元数据收割协议（OAI-PMH）建立了本机构的"开放存取仓储"，同时也通过链接方式向用户提供网上其他"开放存取"资源的获取途径；参与开发支持"开放存取仓储"的开放软件系统——如麻省理工学院图书馆参与开发了 Dspace，弗吉尼亚大学图书馆参与了 Fedora 的开发，学术图书馆已成为"开放存取"运动中系统工具开发的重要成员；对印刷型学术资源（重点是到达版权保护期的文献）进行数字化处理，丰富馆藏中"开放存取"资源的比例；承担"开放存取"资源长期保存任务（如公共医学中心）；进行相关理论研究，包括"机构仓储"可行性分析，"开放存取"经济、技术、法律问题研究等，并为具体的"开放存取"项目提供理论指导。

（3）对"开放存取"的研究和实践由自发状态发展为自觉状态

"开放存取运动"对学术交流系统的不断冲击，不仅使图书馆界开始积极进行"开放存取"实践，也引起了学术图书馆对"开放存取"机制的理性研究：通过对"开放存取"实现方式的分析比较，现在多数学术图书馆都倾向于对"机构仓储"的支持和创建；加强了对馆藏结构及"开放存取"资源的选择、识别、组织、保存等问题的研究，逐步改进自己的馆藏发展策略；积极利用图书馆专业知识和技能对"开放存取"系统的合理设计提供功能甚至技术上的支持；将"开放存取"机制与数字图书馆信息组织框架有机结合起来，努力建设可以提供学术信息服务的开放式数字图书馆项目。总之，学术图书馆对"开放存取"的研究和实践，在深度和广度上都有了很大加强。

2. 发展策略

在"开放存取"环境中，学术图书馆可以通过多种途径实现学术信息的开放共享。在"开放存取"发展的不同阶段，它们将扮演宣传者、投资者、合作者、开发者、甚至技术和责任管理者等不同的角色。但在现阶段，在"开放存取"环境下，学术图书馆的发展策略应该围绕以下几个方面实施。

（1）转变自身观念，开展"开放存取"宣传活动

"开放存取"是科研工作者、图书馆界、学术出版领域在网络环境下共同构建的科学信息共享机制，虽然大家都有这样的愿望，但在实现"开放存取"的过程中仍然存在对经费、法律和技术等限制条件的顾虑。学术信息"开放存取"是一种有利于科学发展的信息服务机制，学术图书馆应当转变自身观念，对"开放存取"进行广泛的宣传和实践。

从事科研和教育工作的学者对自由获取科学信息怀有最强烈的愿望，但对"开放存取"仍有顾虑。"开放存取"虽然对信息利用者免费，但却要求作者在发表作品时付费——尤其是"开放存取期刊"。这主要是因为"同行评议"和"开放存取"资源的传递需要大量成本。美国科学公共图书馆要求作者为每篇论文付费1500美元，但有经验的出版商认为这个数字仍不能弥补"开放存取"出版成本。伦敦大学对世界范围内4000名学者的调查结果显示，有95%的学者不愿意支付超过1000美元的费用。作者出于提高学术地位的目的也往往选择出版历史长、学术声誉高的知名期刊，而多数"开放存取期刊"是新创办的，学术声誉尚未形成，读者对网络出版物的质量也会有所怀疑——毕竟只要有网络设备、适当的HTML编辑器、自由的时间和人就具备创办一个网络刊物的基本条件。此外，是否选择"开放

存取出版"虽然是作者的权利,但只要选择"开放存取出版"就意味着作者要放弃绝大部分著作权允许他人几乎无限制地对作品的使用,作者也会考虑这样的"开放"是否会产生盗版,出现滥用和误导等危害学术研究的行为。科学信息的作者是"开放存取"资源的提供者,没有他们的积极参与和无私奉献,"开放存取"就失去了丰富的信息源。学术图书馆是科研工作者经常利用的信息服务机构,应利用自己的有利条件向他们开展广泛的宣传,使更多的科研工作者接受"开放存取"、支持"开放存取",使"开放存取出版"能够持续发展。

"开放存取"发展的初级阶段需要政策的强力支持。学术图书馆应该向所属机构的领导、国家有关管理部门、各类拨款机构甚至私人赞助者进行广泛的宣传,争取政策和经费保障。学术图书馆不可能放弃传统服务内容,也不可能从紧张的预算中分配更多的资金用于"开放存取"服务,而仅利用现有的条件也是不够的,因此必须将"开放存取"的理念、实质及能为科学发展带来的益处告知管理者和赞助者,争取给予科研成果"开放存取出版"更多的经济支持。"开放存取出版"拓宽了研究成果的发表渠道,但也面临着不被承认的局面,学术图书馆要说服上级机构,根据客观情况改革学术成果认定政策,承认发表在已被学术界认可的网络载体上的成果,这样才能保证更多的学术信息作者选择"开放存取"出版方式,保证"开放存取"资源数量的稳定增长。

学术图书馆也应向与之接洽的传统出版商宣传"开放存取出版",使他们不只是迫于市场竞争压力而是自愿地向"开放存取"转变,放宽对作者选择"开放存取出版"的限制,这将更有利于"开放存取出版"的发展,同时也能使学术图书馆在与传统出版商合作的过程中获得它们给予的出版经验的支持和帮助,以便更好地在学术交流系统中承担起"开放存取"资源出版者的职责。

学术图书馆可以利用传统的展览、学术报告会、专题讲座、知识竞赛、宣传手册等多种方式培养用户的"开放存取"意识,以研究报告的形式使有关部门了解"开放存取";也可以对用户进行专门的调查研究,了解他们信息需求的规律和特点,有针对性地进行重点宣传;也可以在图书馆主页上宣传和推荐学术交流的"开放存取"方式和可以利用的"开放存取"资源,尽量扩大"开放存取"的影响范围,以便争取到更多的支持。

(2)重点发展"机构仓储"

《布达佩斯开放存取宣言》提出了两种实现"开放存取"的途径——"自建档"和"开放存取期刊"。"自建档"所形成的"开放存取仓储"又有电子预印本数据库、"机构仓储""学科仓储"之分。对于学术图书馆来说,现阶段最适宜的是建立"机构仓储"。

就"开放存取期刊"和"开放存取仓储"相比,两者最主要的区别在于,前者实施严格的"同行评议"制度,而后者没有;其他的区别也皆源于此,尤其是在成本高低、实际操作难易程度的区别方面更多地受到这一点的影响。"开放存取仓储"不组织正式的"同行评议",因此就节省了很大一部分资金。在"开放存取仓储"中,"机构仓储"和"学科仓储"所接受的论文往往是经"同行评议"过的已发表的定稿,但建立不同学科的"学科仓储"需要投入更多的资金、人员和设备,比较适合国家图书馆等大型公共图书馆操作;"机构仓储"以机构为单位,对所涉及的各学科的资源进行集中统一的组织、保存和提供利用,比较适合学术图书馆的资源建设和信息服务目标;电子预印本系统基本没有审稿程序,实行文责自负原则,有的也采取一些措施稍加控制,其质量保障不如"机构仓储"或"学科仓储"。因此,从质量保障和资源管理的角度来看,"机构仓储"更便于学术图书馆集中管理、组织以及长期保存"开放存取"资源。此外,支持"机构仓储"的开放软件系统已日渐发展成熟,大部分

"机构仓储"都采用遵循开放文档先导—元数据收割协议（OAI-PMH）的开放软件系统，确保了数据库之间的互操作和跨库检索的实现。这类软件系统各具特色并且还在不断地增多和改进，可供各学术图书馆根据自己的条件选择最适用的，或做适当修改。比如，加拿大拉瓦尔大学设计的 Archimede 支持多语种"机构仓储"的运行；荷兰阿姆斯特丹大学、蒂尔堡大学、特温特大学联合设计的 ARNO 支持元数据集中管理；欧洲核能研究组织（the European Organization for Nuclear Research，简称 CERN）开发的 CERN 文献服务器软件（CERN Document Server Software，简称 CERNware）支持多品种资源的数据库运行；英国南安普顿大学开发的 Eprints 简单易用，适用于各类"机构仓储"；弗吉尼亚大学和康奈尔大学联合设计的 Fedora 则适用于大型数据库的功能全面的数字图书馆系统。

目前多数"机构仓储"都是由学术图书馆创建和维护，比较有影响的有：惠普公司与麻省理工学院图书馆 2000 年合作开发的 Dspace；由加拿大十二所大学 2002 年发起建设，目前主要由西蒙·弗雷泽大学、多伦多大学等五所大学图书馆负责操作管理的 CARL 机构库导航项目；香港中文大学图书馆于 2004 年夏天创建的学术信息数据库（Scholarly Information Repository，简称 SIR）等。Dspace 现已成为由剑桥大学、哥伦比亚大学等七家著名学府直接参与的联合机构库，是目前全球最有影响力的机构库，其收录的信息资源主要包括研究报告、数据库、音频和视频文件以及其他格式的麻省理工学院认为重要的文件，但不收录麻省理工学院学生的研究资料、机构记录以及非麻省理工学院教师的研究成果等。Dspace 提供一系列遵循开放文档信息系统参考模式（Reference Model for an Open Archival Information System）的上载、管理、传播数字信息的工具，并使用 DC、OpenURL 与 OAI-PMH 等一系列开放协议，因而成为其他机构开发"机构仓储"的首选软件，据统计，在成立后不到一年就已经有 3500 家来自全球的机构下载了 Dspace 的开放源代码。可以说 Dspace 是一个搜集、管理、标引、传播数字信息的系统、工具和平台。CARL 机构库导航项目旨在通过联合加拿大众多学术机构的知识库，提高加拿大学术机构及研究人员的影响力，并通过实践操作为加拿大其他机构开发"机构仓储"提供经验。2004 年，西蒙·弗雷泽大学推出名为"CARL 收割机"（the CARL Harvester）的搜索引擎，作为导航项目检索服务的操作界面。通过此界面，任何国家的用户都可以免费检索其中的资源。目前该搜索引擎已经收录了来自马尼托巴大学等九个"机构仓储"的 4493 条记录并保持每日更新，提供简单检索、高级检索和分类浏览等三项检索功能，用户可按任意词、作者、题名、摘要、索引号、日期、语种等多种途径查找所需信息。香港中文大学的学术信息数据库（SIR）以尽可能多地收录香港中文大学共同体成员出版物信息为目标，收录的文献种类包括学校出版物、各院系及教师出版物、教师工作文档、期刊论文、报纸、书籍、书籍篇章、学位论文、会议论文、技术报告以及专利信息，除提供引文和简单著录信息之外，还尽可能地提供全文链接。提交者通过香港中文大学的学术信息数据库（SIR）中的"引文输入系统"输入出版物的详细信息，这部分信息在传递给香港中文大学的学术信息数据库（SIR）的同时，还会传送给研究与科技管理局中的在线出版输入系统，香港中文大学的学术信息数据库（SIR）的检索界面则允许用户浏览和检索所需信息，并在结果中提供图书馆所购买的电子信息资源、国际互联网上免费和有偿电子信息资源的链接。

在促进学术交流的实践中，学术图书馆的价值并不仅仅体现在提供学术信息的"开放存取"上，更重要的是，它在参与"开放存取"的过程中通过强化图书馆信息资源组织和传递等职能而发挥了任何信息机构都不可替代的作用。对于想要建立"机构仓储"的学术机构来说，作者的态度、信息组织技术、元数据描述、知识产权方案、工作流程设计、用户培训等问题比起技术难题更使其感到困扰。而学术图书馆可以利用自己专业知识和技能上的优势来解决这些问题。比如：帮助学术机构向成员宣传"机构仓储"和"开放存取"，吸引更多投稿；提供存储空间，保存高质量的"开放存取"资源；分析用户需求，建立合理的建设策略、工作流程，设计友好的用户界面；利用开放文档先导—元数据收割协议（OAI-PMH）和主题分类知识创建本地控制词表；开展用户培训，答疑解惑，帮助各学术机构成员使用"机构仓储"。此外，由于"机构仓储"具有良好的互操作性，学术图书馆可以对分散在不同节点上的"机构仓储"建立链接并提供服务。

需要指出的是，"机构仓储"的建设和维护需要政策和经济的有力支持。毕竟在资源质量和学术声誉等方面，"机构仓储"与优秀的传统期刊还有很大差距，必须有不同层面的政策保证学者的切身利益，保证"开放存取"在学术领域的地位，才能尽快丰富"机构仓储"内容，促进学术图书馆信息服务整体水平的提高。"机构仓储"虽然不要求作者付费，但其开发、运行和维护仍然需要用于设备、人员、用户培训等方面的费用，学术图书馆有必要对如何建立一个科学合理的经费预算与管理体系加以研究和探索。

（3）充分利用"开放存取"资源，开展多样化科学信息服务

虽然建立"机构仓储"是适合学术图书馆实现"开放存取"的方式，但在不增加经济负担和不侵犯版权的情况下，尽可能积累可供"开放存取"的多样化科学信息，丰富信息服务内容，也是学术图书馆应该承担的任务。

"学科仓储""电子预印本文档"和"开放存取期刊"是"机构仓储"之外最多并最易于获取的有较高学术价值的"开放存取"资源。"学科仓储"涉及了社会科学和自然科学的各个领域，主要收集、保存某一学科的学术文献，资源具有专题性、系统性强的特点——如比较著

名的美国国家医学图书馆（NLM）和国家生物技术信息中心（NCBI）创建的公共医学中心，公共医学中心目前已收录150多种生命科学的英文期刊，论文学术价值高，可免费获取；国际分子多样性保护组织（MDPI）也在其网站免费提供有关分子化合物的数据内容检索。"电子预印本文档"则包括许多最新的研究成果，这种"开放存取"资源的组织没有审核和出版过程的时滞，是一种即时学术信息共享数据库系统，可使科研工作者及时受到启发，以作为对后续研究的参考。"开放存取期刊"发展迅速，内容丰富并有可靠的质量保障，学术价值较高，已逐渐获得了学术界的信赖。除了这些正规的"开放存取"资源，网络上还存在大量零散的免费资源，如"开放图书""开放软件""开放课件""学习对象仓储"、微博等。早期开放图书较著名的有：创始于2001年的国际性百科全书维基百科（Wikipedia，简称WP）(http：//www.wikipedia.org)，日本的自由电子书 Aozora Bunko（http：//www.aozora.gr.jp)，意大利的 GNUtemberg（http：//guntemberg.org)，中国的"北极星书库"(http：//www.ebook007.com)、"黄金书屋"(http：//www.goldnets.com)、"中国青少年新世纪读书网"(http：//www.cnread.net/index.htm) 等网上免费电子图书资源。开放软件的源代码是公开的，用户可对这类软件自由使用、修改、复制。合格的开放源代码软件都采用一定的许可协议，目前大部分是采用通用公共许可协议（General Public License，简称 GPL)，该协议目前已批准用于代码软件认证标志。较著名的开放软件有 Linux、i-Tor、My CoRe 等。开放课件较著名的有：美国麻省理工学院（MIT）在2002年9月开始在网上发布的开放课程计划（MIT OCW)，可供全球任何授权的教育机构免费共享其教学成果和方法，等等。开放课件的出现促进了教育合作，有助于提高教学质量，支持个性化的教育。目前国外著名大学多设有开放课件。"学习对象仓储"也是一种新出现的教育共享模式，其目标是实现分布的"学习对象仓储"的互操作，实现网络化教育资源共享。而微博等则是更自由地表达个人思想的方式，虽然其中所含学术信息的数量、质量有限，但个人思想的自由表达正是隐性知识的显性化，因此也是具有一定的学术价值的，很有可能对研究工作产生良好的启发促进作用。通过合理利用这些免费资源，可以加强和深化学术图书馆与用户之间的互动关系，提高图书馆知识服务的水平。

对于"学科仓储""开放存取期刊""电子预印本文档"，学术图书馆可以通过用户需求分析，有选择地在自己的网页上开辟专栏进行展示，也可以将它们列入图书馆目录或数据库列表，向用户推广、介绍各资源库的特点、内容、现状、发展趋势，也可以在许可条件下建立链接，这样既不增加花费，又可以丰富图书馆"开放存取"资源内容，提高图书馆信息服务的质量。对于其他类型的免费资源，学术图书馆应积极利用"开放软件""开放课件""学习对象仓储"等，并大力宣传免费图书，丰富图书馆的信息源，为教学和科研服务。图书馆馆员还应对这些资源进行跟踪，以保证资源的链接长期有效。对微博等更加个性化的资源要发挥图书馆员信息意识敏锐、善于进行知识发现和管理的特点，及时将有用信息提供给有特定需求的用户，促进研究工作并提升图书馆和图书馆员自身的形象。

在网络环境下，从事科研和教学工作的用户的信息需求具有信息源和服务方式多样化、服务时效要求高的特点，同时科研人员的科研能力和信息检索自主能力较强，大量涌现的"开放存取"资源为学术图书馆满足这样的信息需求提供了条件。学术图书馆在"开放存取"环境中要充分利用这些免费资源，开展多样化的信息服务，不仅要提供免费资源，还要提供存取这类资源的渠道，为科研和教学工作的发展创造条件，建立科学信息自由交流的平台。

（4）承担"开放存取"资源长期保存的任务

目前多数"开放存取"出版者都意识到了"开放存取"资源长

期保存的重要性，并采取了一定的措施。它们通常是将资源保存在提供公共存取服务的国家级大型电子文档中（如国家图书馆或高校图书馆的开放数据库）——美国科学公共图书馆与英国生物医学中心就是将其出版的论文全文保存在公共医学中心中。由于这类电子文档的维护者是比较稳定并有固定经费支持的实体，这就确保了"开放存取"资源的长期有效。即使原出版者破产、被收购或改变了存取政策，也不会影响用户对这些资源的使用。

虽然"开放存取"在不同的领域、地区发展程度不同，但"开放存取"资源的建设有个突出的特点——标准化。用于操作各类"开放存取"文档的软件系统可能是开放软件，也可能是商业性的系统，但他们几乎都采用开放文档先导协议（OAI）的相关标准，现在比较普及的是开放文档先导—元数据收割协议（OAI-PMH）。这些软件系统大都接受多种格式的文件，其底线是必须按都柏林核心（DC）元数据格式对资源进行描述。这种规范性强化了"开放存取"资源间的互操作性，使其长期保存问题比其他网络信息资源更易解决。目前，"开放存取"资源的长期保存有三种基本的技术模式：

第一，集中保存模式：所有"开放存取仓储"和"开放存取期刊"的内容保存在一个中心数据库中，它本身提供对"开放存取"资源的存取服务，也将有关元数据提供给其他遵循开放文档先导—元数据收割协议（OAI-PMH）的"开放存取"服务提供者。

第二，分散保存模式：所有资源（包括论文全文及其元数据）保存在不同的"机构仓储""学科仓储"或"开放存取期刊"数据库中，学术信息服务提供者根据检索要求在不同的数据库中搜索元数据。这种模式要求所有"开放存取"资源必须采用统一的元数据标准（通常是 OAI-PMH 协议格式）描述。

第三，元数据收割模式：由一个中心服务机构从"机构仓储""学科仓储"和"开放存取期刊"数据库中获取并保存元数据，论文文本保存在原节点上,该服务提供者对所得元数据进行规范,并将其提供给其他采用开放文档先导—元数据收割协议(OAI-PMH)的服务提供者。

从以上三种保存方式可以看出,"开放存取"资源,要么集中保存在一个中心服务器上,要么是分散保存在不同的节点上。无论采取哪种保存模式,这些"开放存取"文档的支持主体一旦解散,"开放存取"资源就有消失、损坏的可能。"开放存取"资源与其他数字资源的保存一样,关键是要有一个有保障的保存实体来承担,并采用统一的保存标准,才能确保"开放存取"资源的长期有效。

对"开放存取"资源进行长期保存的重要性是毋庸置疑的,但由哪一实体来承担保存任务还一直处于争论之中。戴维·古德曼(David Goodman)提出,可以通过完全授权的方式由国家图书馆承担主要保存任务,并指出保存的基本原则是斯坦福大学图书馆开发的数字典藏计划"LOCKSS"(Lots Of Copies Keep Staff Safe)的基本方针,即保存多份复件以预防资源偶然和局部的损坏、丢失。从理论上来说,这是可行的,而且"开放存取"模式没有许可限制,就使这一方法更加简单易行。但这又需要投入大量的专项资金去扩充国家图书馆的存储空间和人力资源,这对于不同体制、贫富程度的国家来说其可行性又会有很大差别。

对于"开放存取"资源来说,最适合的保存方案应是基于开放文档先导—元数据收割协议(OAI-PMH)的分散式保存,保存主体应该是学术图书馆。学术图书馆拥有专业化和系统化的馆藏、高素质的专业队伍、丰富的信息组织经验和基础网络平台,因此学术图书馆应该并能够成为"开放存取"资源长期保存的主体机构。"开放存取"资源的用户——科研工作者、学者、高校教师、大学生是学术图书馆的主要用户群,他们本身是对学术信息需求最大的人群,他们不仅要求共享实时动态的科学信息,同时由于科研和教育工作具有延续性的特征，也要求共享长期积累的完整的学术信息资源。这类用户也是主要的学术信息提供者，学术图书馆作为他们的信息服务机构，从资源收集的角度看，创建"机构仓储"是简单易行的方法。各学术图书馆在建立了"机构仓储"后，就应该承担起各自"机构仓储"的维护任务，对其所拥有的"开放存取"资源进行长期保存。虽然具体存取技术是一个比较复杂的问题，但目前通常的解决办法已基本可以满足"开放存取"资源保存的需求。另外，现阶段"开放存取"出版者对"开放存取"资源的保存还处于自发状态，从长远考虑，学术图书馆要建立和维护一个稳定的存储系统，相应的经济、政策、法律建设都应及时进行。随着数字资源长期保存技术的不断发展，"开放存取"资源的长期保存方案也会进一步得到完善。

基于网络平台的数字化信息传播本应促进科学信息的存取，但传统的学术出版和学术交流模式阻碍了这一目标的实现。"开放存取"本身的经济机制、技术机制、法律机制所存在的问题也使它并不能成功地彻底解决学术信息交流障碍。学术图书馆是与科研工作和教育工作有关的用户的主要信息获取渠道，它有着长期积累的信息组织和信息服务的经验和技能，也拥有系统完整的资源储备，因而有机会引导"开放存取运动"的发展，并借此提高图书馆和图书馆馆员的地位。科学信息需求者的特殊之处在于他们大部分又是科学信息的作者，他们利用网络平台自发地创造了 E-science、E-learning、Blog、Wiki 等交流方式来回避"学术期刊危机"给他们带来的种种不便。在"开放存取"环境中，学术图书馆如果不积极融入学术领域这种自由交流信息的潮流，那它仍有可能面临用户大量流失并被排除出学术交流系统的困境。

学术图书馆与其他类型图书馆的最大区别在于，它的主要任务是为科研和教育工作提供准确、及时的科学信息，这与"开放存取"理念极其相符。出版商对学术出版市场的垄断所造成的"学术期刊危机"和"许可危机"是图书馆发展的最大障碍，这也正是"开放存取"所要解决的主要问题。"开放存取"为学术领域实现真正的信息资源共享提供了新思路,作为传统学术交流系统重要环节的学术图书馆深受其影响。学术图书馆必须抓住"开放存取运动"所带来的发展机遇,才能在新的环境中继续发挥图书馆在信息交流过程中的作用。

学术图书馆在传统学术交流系统中的重要地位源于其在学术信息传递过程中的中介作用。在"开放存取"环境中,也就是处于网络环境的学术信息自由空间中,学术图书馆仍然具备其他信息服务机构所没有的优势——它拥有长期积累的系统的科学资料,拥有高素质的专业人员队伍,它自身的稳定性使其可以承担"开放存取"资源长期保存的任务,图书情报领域成熟的信息资源管理经验可为"开放存取"的规范化发展所借鉴。学术图书馆只要采用适合自身条件的可持续发展模式,仍然可以在学术交流系统中发挥重要作用。相信随着"开放存取"环境的发展成熟,学术图书馆能逐步将自己的优势和"开放存取"机制结合起来,使学术图书馆在学术交流系统中获得良性的发展,从而更好地完成为教学和科研服务的任务。

二 "开放存取"的成功案例及启示

"开放存取"的出现是学术出版和学术交流发展的转折点,"开放存取"概念在学术领域表达了国际互联网的共享精神实质,迎合了图书馆界的信息共享理念,它是利用网络技术实现信息资源共享的成功模式。"开放存取"使学术信息的市场化特征逐步淡化,在很大程度上缓解了图书馆的经济危机,为图书馆开辟了更加宽松的发展空间。学术图书馆是与公共图书馆相对而言的概念,包括高校图书馆、科研机构图书馆、专业图书馆和信息中心,这些图书馆是学术信息的主要管理中心,是传统学术交流系统中最重要的信息服务机构。随着"开放存取运动"的迅速发展,国外越来越多的学术图书馆或以联盟的形式、或以个体为单位积极参与"开放存取"的实践和研究，形成了以学术机构为基础的学术交流前沿阵地。在这些联盟和图书馆中，学术出版与学术资源联盟（the Scholarly Publishing and Academic Resources Coalition，SPARC）和公共医学中心（PubMed Central，PMC）是开发得比较成功的"开放存取"项目。

（一）学术出版与学术资源联盟

学术出版与学术资源联盟是美国研究图书馆协会于1997年发起的一项旨在解决学术交流系统功能不良问题的方案，是一个由大学、研究图书馆、学术机构组成的国际性联盟，于1998年开始正式实施。它的战略目标是减少获取、共享和使用学术资源特别是科学研究资源的经济障碍。它鼓励其成员创造一个能够扩大研究成果的传播范围、降低图书馆的经济压力的新型学术交流系统，致力于为研究人员提供更自由的网络数字环境。学术出版与学术资源联盟拥有200多家成员单位，在2001年和2006年还分别在欧洲和日本成立了欧洲分会和日本分会（SPARC Europe 和 SPARC Japan），并计划与更多发展中国家进行合作，中国的香港科技大学图书馆已成为其会员。学术出版与学术资源联盟的服务主要针对四种类型用户：研究人员、出版机构、图书馆与社会团体。学术出版与学术资源联盟由美国研究图书馆协会管理，活动经费来自成员馆所交会费及现有资金的银行利息。自2002年起，学术出版与学术资源联盟开始了在"开放存取"领域的实践，并通过多种途径有效地促进了"开放存取"的发展：

1. "开放存取"宣传

为了增进各领域对消除现有学术交流系统中的经济、技术、法律障碍的意义的理解，并促使他们了解"开放存取"在这一方面所能起到的巨大作用，吸引更多的机构和个人支持并参与"开放存取"，学术出版与学术资源联盟开展了多种方式的宣传活动。它在自己的网页、月刊和半月刊上不断通报"开放存取"运动的最新发展，为用户了解"开放存取"提供了一个开放窗口，并提供材料介绍"开放存取"的具体机制和已有资源。2005年12月，学术出版与学术资源联盟针对图书馆工作者进行了一项在线调查——Open Access Program Surrey，允许接受调查者对它已链接的"开放存取"资源进行评论和使用，使更多的人接触到"开放存取"。学术出版与学术资源联盟对可能的投资者进行了重点宣传，使他们重视学术交流系统中存在的问题，了解"开放存取"对改变现状的意义，以期得到更多的经济支持。学术出版与学术资源联盟也向有关决策机构倡议改变学术交流的相关政策，强调良好的学术传播机制是研究过程的重要环节，重点对"开放存取"机制的可行性进行了宣传，希望影响政策制定并获得更多的支持。近两年，学术出版与学术资源联盟积极参与了美国国家卫生组织、美国国家医学图书馆等机构有关"开放存取"政策的研讨会，并已成功促成美国国家卫生组织的"开放存取"政策（由美国国家卫生组织资助的项目的研究成果必须在"同行评议"期刊上发表后保存在公共医学中心中提供"开放存取"）的制定和实施。学术出版与学术资源联盟的宣传活动取得了显著成效，到2007年，参与学术出版与学术资源联盟的机构和组织已达几百个。

2. 支持"机构仓储"服务

在具体的出版模式上，学术出版与学术资源联盟更加倾向于建立"机构仓储"。多数学者认为开放仓储是未来学术信息的主要交流平台，学术出版与学术资源联盟也更倾向于对"机构仓储"的支持。学术出版与学术资源联盟的一位高级顾问曾对"机构仓储"的经济、技术、法律问题进行了详细论述，阐明了"机构仓储"对整个学术交流系统的重大影响，改变了许多科研工作者、管理者和图书馆馆员对"机构仓储"的看法。在学术出版与学术资源联盟网站的"机构仓储"列表中已有40多个不同国家的"机构仓储"——如美国的Escholarship，英国的 British Library Research Archive，德国的 Eldorado、MILESS，意大利的 UNITN-eprints、The Netherlands，澳大利亚的 E-print Repository，印度的 Eprints@ iisc，丹麦的 Electronic Library，瑞典的 CDS，挪威的 LUFT 等。学术出版与学术资源联盟对这些"机构仓储"提供链接服务，用户可以直接点击进入各数据库进行检索。学术出版与学术资源联盟向用户推荐 Dspace 等支持"机构仓储"的开放软件系统，通过点击可直接下载使用。学术出版与学术资源联盟还对如何创建"机构仓储"进行了具体指导，涉及"机构仓储"的内容、组织框架、管理策略及经济、技术、法律等具体问题。此外，学术出版与学术资源联盟还提供与其他拥有丰富"机构仓储"资源的第三方网站（如 OAI Registry，Institutional Archives Registry，arxiv. org 等）的链接，为用户提供了丰富的检索途径。

3. 合作发展

合作发展也是丰富"开放存取"资源，促进"开放存取"发展的有效方式。广泛的合作与交流是学术出版与学术资源联盟的主要工作方式。通过与出版者合作，学术出版与学术资源联盟在自己的开放信息服务门户提供了"开放存取"资源的知识导航服务，它目前已与 AGRICOLA、Biosis Preview、Chemical Abstracts 等"开放存取"资源建立链接，为用户了解、选择、使用这些免费资源提供了入口。学术出版与学术资源联盟欧洲分会的会长曾提出了传统期刊向"开放存取期刊"转变的具体方式的设想——"若期刊既有印刷版又有电子版就允许作者有两种出版方式的选择：若作者付费，其论文电子版可以'开放存取'；若作者不付费，他的论文就只能在印刷期刊上发表。"[①] 一些出版商如牛津大学出版社等都对此进行了实验，证明了它的可行性，为传统期刊向"开放存取期刊"转变提供了参考。2003 年，学

---

① The SPARC initiative: a catalyst for chang, http: //www. library. uu. nl/staff/savenije/publicaties/ticer2004. htm（last viewed March 3, 2007）.

术出版与学术资源联盟与开放社会研究会合作，出台了许多"开放存取"经营模式的指导方案，也继续对现有的"开放存取"模式进行调研，并将调查结果及时提供给各"开放存取"项目，使"开放存取"机制得到不断的改进。到2004年初，就有16个"开放存取"计划利用了学术出版与学术资源联盟的服务。

（二）公共医学中心

公共医学中心是由美国国家医学图书馆（National Library of Medicine，NLM）的国家生物技术信息中心（National Center for biotechnology Information，NCBI）开发、维护的一个开放的生命科学期刊全文数据库，它旨在保存生命科学期刊中的原始研究论文的全文，并在全球范围内免费提供使用，其上级机构是美国国家卫生组织。公共医学中心在资源质量保障、版权保护、资源组织、长期保存等方面采取的有效措施，证明了图书馆能够利用自己的专业知识和技能引导"开放存取"发展。

出版商加入公共医学中心是自愿的，但入库期刊要满足公共医学中心的接受条件（满足其一即可）——"期刊已被美国国家医学图书馆认可；已有其他期刊被收入麦德林或公共医学中心数据库，并且被其他重要的文摘、索引系统如 Agricola、Biosis、CINAHL、Chemical Abstracts、EMBASE、PsycINFO、Science Citation Index 等收入，或期刊编委中至少有三人是美国国家卫生组织或其他重要的科研经费拨款机构或资金代理机构的成员。"[①] 对麦德林未收入的期刊，美国国家医学图书馆资源选择技术评估委员会（Literature Selection Technical Review Committee，LSTRC）要求被评期刊提交其编委和"同行评议"程序的详细资料，以及近期出版论文的校样，公共医学中心将根据技

---

① PMC Information for Publish, http://www.pubmedcentral.nil.gov/about/pubinfo.html (last viewed March 6, 2007).

术评估委员会（LSTRC）的评估意见决定是否允许该刊入库。为使公共医学中心成为一个系统完整的数据库，美国国家医学图书馆还对公共医学中心入库期刊的过刊内容进行数字化处理，并提供这些内容的免费使用。2003 年 10 月起，公共医学中心开始接受非公共医学中心期刊的单篇论文，但这些论文必须满足上述条件方能入库。通过这些措施，公共医学中心有效地保证了资源的学术质量和技术质量，现在的公共医学中心已成为研究人员和临床医生检索资源的首选数据库。

关于版权保护，公共医学中心中期刊论文的作者、出版者或其他版权人都保留控制作品完整性的权利。使用者只需遵守知识产权法律和版权人书面授权的许可条件就可以自由使用这些资源。公共医学中心多数资源的文摘页、全文文本页面或 PDF 文件页面上都会有一个明确的版权声明；未被公共医学中心正式接受但已公布了某期内容的期刊在其封面、第一页等位置也会有保护整个期刊（非单篇论文）的版权声明；公共医学中心利用的公有领域的资源，则不需要特别的许可就可以自由使用，但用户必须正确引用并标明出处。公共医学中心有效解决了"开放存取"资源的版权问题。

关于资源组织，公共医学中心采用统一格式处理所有资源。它要求所有期刊必须以 XML 或 SGML 等已广泛应用于生命科学领域的文献类型定义（Document Type Definition）格式保存论文全文，及其视听资料和高解析度的数字化图像文件，公共医学中心不接受论文 HTML 格式的文件。公共医学中心要求期刊以都柏林核心（DC）元数据格式提供每篇论文的元数据记录，并利用 PMC-OAI（PubMed Central OAI Service）提供所有记录的全文文本及其元数据的存取。公共医学中心以统一的格式组织和保存各类资源，不仅有利于管理和操作，也增强了这些资源的互操作性，便于用户对资源进行有效的搜索、获取和使用。

到目前为止，公共医学中心已拥有 362 种期刊，其中 70 种要求在一定的时限后才能提供"开放存取",如 American Journal of Human Genetics（6 个月）, Biophysical Journal（12 个月）, Arthritis Research & Therapy（24 个月）,这类期刊占其总数的 19%,其余 292 种期刊提供即时"开放存取"。用户可以选择主题检索、著者检索、刊名检索等途径检索文献,并可利用检索项目特征限定检索结果,这些检索特征包括"Limits"（条件限定,可对刊名、作者、公共医学中心有效期、日期或日期范围、Pub 数据等进行限定）、"Preview/Index"（预览/索引,Preview 显示检索结果总数,Index 显示包检索词的不同主题的检出结果）、"History"（检索史,检索记录在保存八小时后会自动清除）、"Clipboard"（粘贴板,每页最多可显示 500 条记录）。利用 PMC-OAI Service 可下载 XML 格式的全文文本,利用 PMC FTP Service 可下载论文的所有相关材料（包括 XML 文本、图像资料、PDF 文件及补充的数据文件）。

由于公共医学中心的上级机构是美国最主要的科研经费拨款机构美国国家卫生组织,因此,它承担长期保存"开放存取"资源的任务没有经济顾虑。公共医学中心的基础设施一直在不断改进,技术条件也不断成熟,并且它已经拥有了以统一格式处理并保存的大量生物医学资源。公共医学中心具备了承担"开放存取"资源长期保存任务的各种条件,它承诺在线提供这些资源的永久性"开放存取"。

（三）对中国学术图书馆发展的启示

1. 图书馆联盟或协会应当积极促进学术图书馆发展"开放存取"服务

图书馆协会或联盟在宣传"开放存取"、实施"开放存取"项目、协助成员馆开展"开放存取"服务、宏观协调"开放存取"资源建设等方面能发挥其他机构无法替代的作用。尤其在资源建设方面,为避免各自为政、重复劳动,图书馆联盟应争取各方资金支持,统一资源建设标准,依托一定的软件平台,共同开发。多数图书馆协会或联盟都有自己的出版物，提供这些出版物的"开放存取"也是有效地促进图书馆"开放存取"实践的方法。图书馆协会或联盟应该领导学术图书馆参与"开放存取运动"，以维护图书馆的地位和价值，提高图书馆学术信息的整体存取能力。

2. 采取多种方式广泛宣传

"开放存取"是科研工作者、图书馆界、学术出版领域在网络环境下共同构建的科学信息共享机制。虽然用户可以无障碍获取学术信息，但目前"开放存取"概念在用户群中并未普及。对于学术信息作者、信息服务机构及科研机构来说，在实现"开放存取"的过程中也仍然存在经费、法律和技术等方面的顾虑。学术图书馆可以利用传统的展览、学术报告会、专题讲座、知识竞赛、宣传手册等多种方式培养用户的"开放存取"意识，或对用户进行专门的调查研究，了解他们的信息需求规律和特点，有针对性地进行重点宣传；可以采用研究报告的形式使有关部门了解"开放存取"，以寻求获得政策、经济等方面的保障；可以在图书馆主页上宣传和推荐学术交流的"开放存取"方式和能够利用的"开放存取"资源，尽量扩大"开放存取"的影响范围，提高资源存取效率。

3. 收集并整合"开放存取"资源

"开放存取"资源是学术价值较高的网络信息资源，学术图书馆的一个重要任务是要提供所有学术研究记录下来的知识的系统保存和存取服务，所以应针对本馆的学科领域，通过多种途径对"开放存取"资源进行发现、选择、组织、保存、提供存取。同时还应当利用统一的检索平台，将"开放存取"资源与本馆的数字资源进行整合，实现多数据库同时检索和分数据库展示检索结果，实现不同类型、不同层次资源间的动态链接，提高各种数字资源的检索效率。

4. 强化图书馆机构功能

在开发"开放存取"系统的过程中，作者的态度、信息组织技术、元数据描述、知识产权方案、工作流程设计、用户培训等问题比起技术难题更难解决。而学术图书馆可以利用图书馆专业知识和技能上的优势解决这些问题，对"开放存取"系统的合理设计提供功能甚至技术上的支持。比如：帮助学术机构向成员宣传"开放存取"，吸引更多投稿；提供存储空间，保存高质量的"开放存取"资源；分析用户需求，提供合理的建设策略、工作流程，设计友好的用户界面；利用开放文档先导—元数据收割协议（OAI-PMH）和主题分类知识创建本地控制词表；开展用户培训，答疑解惑，帮助学术机构成员使用开放仓储；将"开放存取"机制与数字图书馆信息组织框架有机结合起来，开发开放式数字图书馆项目等，并为具体的"开放存取"项目提供理论指导。

5. "开放存取"资源的长期保存是学术图书馆必须承担的职责

"开放存取"资源是一种分散的网络资源，但又有着其他网络资源所不具备的优势：用于操作各类"开放存取"文档的软件系统可能是开放软件，也可能是商业性的系统，但它们几乎都采用遵循开放文档先导协议（OAI）的相关标准，现在比较普及的是 开放文档先导—元数据收割协议（OAI-PMH）。这些软件系统大都接受多种格式的文件，这种规范性强化了"开放存取"资源间的互操作性，使其长期保存问题比其他网络信息资源更易解决。多数学术图书馆拥有高素质的专业队伍、丰富的信息组织经验和基础网络平台，它们应该负责"开放存取"资源的保存和维护。虽然具体存取技术是一个比较复杂的问题，但目前通常的数字资源保存方案已基本可以满足"开放存取"资源长期保存的需要。

"开放存取"在学术领域实现了真正的信息资源共享，扩展了信息传播系统，作为学术信息主要服务机构的学术图书馆应该积极参与和实践"开放存取"活动。但"开放存取"在中国的发展还处于起步阶段，尤其是人文学科、社科学科领域的研究人员对"开放存取"还很陌生，学术图书馆应借鉴国外的成功经验，结合自身条件，积极实践和完善"开放存取"模式，促进国内的资源共享，推动科技进步。

三 高校机构知识库联盟建设

机构知识库，或"机构仓储"是"开放存取"资源的主要集成模式，也是学术出版与学术资源联盟等机构倾向采用的开放资源运行方式，是中国高校图书馆迅速发展的重要开放资源类型。2001年《布达佩斯开放存取宣言》已提出"机构仓储"是"开放存取"的主要资源组织与服务模式之一。截止到2016年1月29日，在世界范围内注册的各类"开放存取"知识库已达几千个，其中中国大陆地区注册的"机构仓储"有三十五个，高校机构知识库有六个（广西民族大学、北京大学、清华大学、北京科技大学、西安交通大学、厦门大学），这六个高校机构知识库都采用Dspace软件平台，广西民族大学和西安交通大学的"机构仓储"可无障碍访问并下载全文。大陆地区的高校机构知识库较少，且多为单个高校创建，较少整合特色资源。

西藏七所高校在专业教育和科研领域各有特色，但藏学是学科建设的突出共性，具有丰富的教学成果、学术成果和科研数据等藏学原生学术资源产出。从地域和民族特色出发，综合考虑藏学研究特色资源的整合和西藏高校的共性，以联盟模式构建西藏高校机构知识库，在一定程度上将有利于藏学研究知识资源的整合、保存和开放共享，可以增进藏学研究的学术交流与发展，也是西藏高校文献资源共建、共享体系建设的重要内容。

（一）西藏高校藏学研究原生资源现状调查

就藏学研究来说，西藏是藏学的发祥地，在实物资源、历史档案和文献资源等方面，西藏高校拥有其他地区和院校无法替代和比拟的优势，藏学原生学术资源产出相当丰富。西藏七所高校有着浓厚的科研氛围，其原生学术资源类型包括期刊论文、会议论文、专著、图片、计划或蓝图、演讲、视频、工作文档、口述记录、研究报告、章节、数据集、学位论文、专利文献、报纸文章、教学课件，等等。截止到2016年1月23日，西藏高校被中国知网收录的期刊论文、学位论文、会议文献及报纸文章总数已达18047篇，最早可回溯至1965年，其中80%的文献与藏学研究相关。西藏高校已建立重点研究基地或实验室四十七所，研究领域覆盖了关于西藏政治、经济、文化、历史、医药、教育、宗教等各个方面，这些研究基地有丰硕的学术成果，在科研的过程中也有大量原始数据产生。比如：由于历史的特殊性，西藏民族大学有多位亲历中国人民解放军第十八军进藏的老同志，学校中国史重点学科的重点项目"西藏革命口述史课题"有多篇论文公开发表，课题组在调研过程中收集整理的大量文字和音频资料非常珍贵；西藏大学"格萨尔"研究所1979年就开始对《格萨尔》说唱艺人扎巴的口头说唱录音进行文字记录、编辑、整理、出版，除了对收集到的说唱录音的文字记录和相关文本进行整理出版，对于大量原始资料的保存和开发也具有重要意义；西藏大学高山动物生态研究所在西藏野生动植物研究和环保教育等方面出版了大量学术成果，其在研究过程中产生的相关数据资料在西藏野生动植物研究和环保教育等方面极具参考价值。西藏高校各类科研成果、研究数据、原始调研资料都有待长期保存和"开放存取"方案的出台，以利于信息检索和交流。

机构知识库以机构原生学术成果为主要建设内容，资源类型包括各种正式出版物和未公开出版的"灰色文献"。目前，西藏七所高校图书馆非常重视此类资源的搜集、整理和保存——西藏农牧学院图书馆以学校各类大型活动、知识讲座、综艺娱乐为内容建成视频资料数据库，提供各类视频资源共计3万余集；依托在线论文提交系统形成学位论文数据库，收录优秀学士、硕士学位论文5100多篇，供在校师生查阅和参考。西藏民族大学图书馆于2014年4月建成学者文库，主要收藏本校学者专著、手稿、图片类纸质文献；还从2008年开始收集本校硕士研究生纸质学位论文，从2015年开始使用学位论文提交系统，全面收集论文纸质版和电子版；学校科研处定期验收统计本校学者公开发表的学术文献（包括期刊论文、学位论文、专著等）和科研获奖情况（但不专门收集保存文献全文）。西藏职业技术学院图书馆非常重视收集本校学者的学术著作、论文、科研成果、教改方案、自编的讲义、实习指导书、学术研讨会论文、会议记录、科技报告、内部刊物、科研成果等各类公开出版或未公开出版的珍贵资料，并强调对这部分资料收集的系统性、延续性和专题性，由此所形成的西藏职业教育特色文献，对于其他院校具有重要的参考价值。

应该指出，以上这些知识资源都属于机构知识库的内容范畴，但有的资源没有数字化，已建成的检索平台亦不统一或开放程度有限，读者要利用这些资源，或难以检索或需要重复操作，甚至没有访问权限，资源获取效率较低，不利于学术信息的交流。

此外，还有一些突出问题依然存在。一方面，主要表现在原生学术资源系统收集和长期保存机制的缺乏。西藏高校的科研管理部门每年都对科研工作者的科研量化情况进行统计，但基本不保存文献纸质原件；保存在科研系统中的电子文献除作者本人，多数不向他人提供查阅权限；或者只在科研系统中对公开出版物进行验收统计，忽略了对学位论文、会议论文、报告文献、多媒体和影音资料、参考书目、技术笔记、特刊、预印本、翻译稿、教学课件、讲义、实物资源、实验数据等非公开出版物的收集，在教学和科研过程中产生的这些极具研究和参考价值的"灰色文献"有待进行全面的收集整理并提供"开放存取"；对于早期学术成果，特别是自编的教学大纲、教材等非公开出版文献和具有档案价值的图片资料、手稿，或者由于信息不畅和没有数字化难以获取，或者由于存储媒体的老化而难以恢复。构建机构知识库对原生学术资源进行系统收集，不仅可以确保对这些极具学术价值的信息资源进行集中组织和管理，实现西藏高校学术成果的长期保存，也可以实现研究成果在真正意义上的"开放存取"。另一方面，西藏高校积淀了丰富的藏民族文化研究学术成果，但由于缺乏"开放存取"平台，目前藏学原生学术资源的利用基本处于封闭状态。西藏高校的学位论文系统通常只限于校内的查询阅览，一些特殊类型的资源比如预印本、工作报告、多媒体数据、会议论文、会议纪要、教学资料和实验结果、数据片段等都没有展示和交流的平台，难以发挥作用。例如西藏藏医学院图书馆设立的非物质文化遗产办公室，先后组织过"藏医药拉萨北派水银洗炼法""藏医药仁青常觉配置工艺""藏医外治疗法"等三项国家级非物质文化遗产名录项目的申报和学院五名代表性传承人的确认申报工作，申报材料包含了重要的藏药材加工方法和藏医药实践精华；西藏医学院古籍课题组深入藏、青、川、甘、滇等藏区，收集整理了藏医药学古籍文献880多卷，但已整理出版的《中国藏医药影印古籍珍本》只是其中的30册，大量珍贵的原始文献还有待进一步的整理和开发。由于没有一个统一管理和展示交流平台，这些资源目前基本还停留在归档典藏阶段，用户很难直接获取，藏医药文化资源的传承和传播的影响力极大受限。

现阶段，西藏高校图书馆已经达成资源共建、共享的共识。由此，在已有原生学术资源建设的基础上开展机构知识库建设工作，对西藏高校图书馆的自建数据库及纸质原生资源进行有效的整合和内容扩充，搭建统一的检索平台，可以更好地实现对西藏高校藏学研究原生文献资源进行检索和共享的目的，可以将藏学研究成果的学术价值充分发挥出来。

（二）高校图书馆构建机构知识库联盟的必要性

首先，构建西藏高校图书馆机构知识库联盟，有利于发挥西藏高校图书馆专业优势，提升西藏高校整体科研水平。

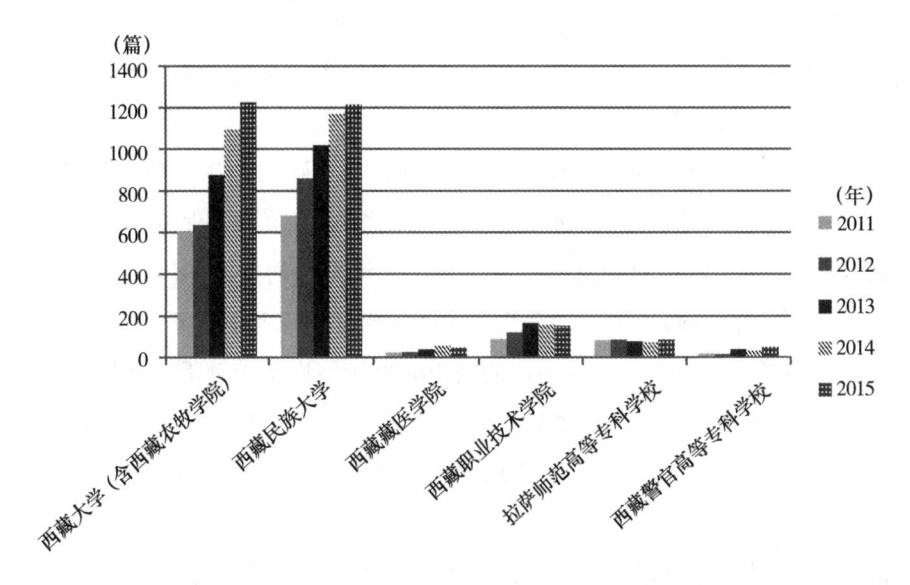

图 3-4　2011—2015 年中国知网收录西藏高校文献柱状图

如图 3-4 所示，西藏大学（含西藏农牧学院）和西藏民族大学每年都有大量的学术成果产出，并呈逐年稳步增长趋势。而其他几所高校不仅科研成果较少，增长幅度亦不明显。如何有效地保存、管理西藏高校已有的学术研究成果，特别是有效地促进科学交流，激发创新，带动西藏高校科研水平的整体提升就显得尤为重要。在数字化发展的信息时代，科研管理过程实质是信息化管理的过程，是对科研信息资源进行收集、整理、统计、分析并加以利用的过程。机构知识库不仅是科研资源有效整合和利用的统一平台，能提供基本的知识储存和共享功能，更重要的是能为整个机构科研管理和创新提供支撑服务。西藏高校图书馆是藏学文献资源收集、信息处理、资料存储的重要场所，在"知识组织"、开发利用等方面具备独到的地域、民族和专业优势，由西藏高校图书馆牵头构建西藏高校机构知识库联盟，整合西藏高校科研工作和教学工作形成的知识资源，既可扩大西藏高校对研究资源的存取能力，减轻学术出版垄断和经费短缺给西藏高校图书馆造成的资源建设压力，也可以为提高西藏高校教学和科研水平的具体指标、增强西藏高校知名度和学术地位等方面创造必要的条件，对于西藏高校学科建设及西藏高校图书馆的发展都具有深远的意义。西藏高校图书馆应在资源共建、共享的实践基础上，将"机构仓储"联盟建设纳入工作范畴，充实相关图书馆数字化馆藏，促进学术信息的即时交流，发挥西藏高校图书馆知识交流中心的核心作用。

其次，西藏高校学科建设的共性使机构知识库具有学科特色优势。"西藏高校自建校以来，在不同的历史时期始终肩负着继承和弘扬藏民族优秀文化的历史任务，紧密结合人才培养和传统学科优势，实施特色专业质量工程，深入开展精品课程、特色专业、教学团队等建设，努力构建具有民族和区域特色的学科专业体系，不断深化教育教学改革，在西藏的经济建设和社会发展中发挥了不可替代的作用"。[①] 西藏七所高校在专业上各有优势，但都强调"以特色强化优势，以优势谋求发展"，学科设置和发展以西藏为中心几乎涵盖了藏学研究的各个领域，研究活动也围绕西藏经济建设与社会发展全面展开，逐步形成了以藏学为特色的研究优势，奠定了原生学术成果的藏学特性，使检索平台兼具机构知识库和学科知识库的特色。以联盟模式构建西藏高校机构知识库，可从整体上提升西藏高校的学术地位与影响力，带动西藏地区其他科研机构的相关研究，促进藏学研究活动的合作和交流。

再次，西藏高校原生学术资源本身也是西藏高校图书馆资源共建、共享的重要内容。机构知识库资源建设范围是特定机构成员提

[①] 岳凤芝：《西藏高校藏学学科建设的回顾及发展思路》，《西藏民族大学学报》2011年第5期。

交的未公开出版的预印本（Preprint）和已正式出版的定稿（Postprint）。在传统的期刊出版过程中，预印本文献是研究成果正式发表前同行之间进行非正式交流的基本手段。预印本文献具有开放程度高、时效性强、学术性强、被引率高、费用低等特征。对于包括期刊论文、学术论文、会议文献、技术报告、研究报告、音频和视频文件以及其他格式的重要文件在内的未正式出版的预印本文献，以及课件、学习对象（Learning Objects）、视听资料、图像等部分数据库未收录但具有较高学术价值的资源，机构知识库是最好的管理和展示平台，既能全面系统地反映西藏高校的教学和科研成果，以便利于分析自身教学和科研的优势与不足，衡量现有的研究水平，明确今后的发展方向，也可作为对外展示西藏高校藏学研究综合实力的窗口，以提高西藏高校的知名度和影响力；机构知识库可以使最新研究成果在最短的时间内发布，提交者可根据自己的最新研究随时修改、更新之前提交的信息，这种动态性特点，能够加快学术交流的速度；而机构知识库最本质的特征——开放性，将助力藏学研究的学术交流，帮助研究者及时获取科研信息。"机构仓储"是经过整序的知识库，它既是一个资源集合，同时也是一个科学信息交流平台，能够最大化科学信息的学术价值。它是西藏高校图书馆资源共享的重要内容。

最后，长期以来，经费紧缺、学术出版垄断、现代化水平发展缓慢是制约西藏高校图书馆资源建设的主要因素。进入 21 世纪，"西藏高校图工委"开始致力于以联盟模式实践资源共建、共享，但目前重要的研究资源仍然只能通过文献传递或对口支援获取。随着"开放存取运动"的迅速发展，科研成果的"开放存取"成为许多科研资助机构和教育科研机构的政策要求。西藏高校图书馆构建机构知识库联盟，不仅可以弥补资源建设的不足，也可以提供科学信息交流平台，推动西藏高校科研和教学工作的发展。目前，中国机构知识库建设平台大体分为3种，一是中国科学院的 Cspace 模式。二是中国高等教育文献保障系统（CALIS）中心正在发展的"高校机构知识库"。三是各个高校及学术机构的自建数据库模式。多数高校单独创建的机构知识库规模小、内容有限，而且难以保证资金、技术和人员的持续投入。选择一个合适的开放源代码软件构建单一机构的机构知识库检索平台并不是难题，但要保证机构知识库持续发展并完整反映西藏高校整体科研水平，有必要联合西藏七所高校，在知识资源的整合、长期保存、"开放存取"等方面获得制度、经费和技术的稳定支持。

（三）西藏高校机构知识库联盟构建策略

1. 图书馆为建设主体，加强组织管理，争取政策支持

作为一种知识资源的有效组织形式，机构知识库属于西藏高校图书馆资源共建、共享的研究范畴。西藏七所高校图书馆可以在前期协同合作的基础上，成立专门的西藏高校机构知识库联盟规划组，拟定联盟建设各阶段的发展规划，寻求主管部门的政策支持，负责相关制度的制定、推广和实施，确保机构知识库平台的快速构建和良性运作。同时还要考虑机构知识库的长期发展，确定制度化管理的发展路线，在资源建设、技术开发和经费投入等方面以制度形式确保西藏高校机构知识库联盟建设，形成有效的可持续发展机制。

2. 以"中心馆+示范馆+参建馆"的三级组织模式构建西藏高校机构知识库联盟

应以西藏大学图书馆为中心馆负责各项工作的统筹安排和管理协调，向上争取政策支持，向下负责制定发展规划、项目推广和技术实施。应选择技术力量较强的西藏大学图书馆和西藏民族大学图书馆为示范馆，负责开发机构知识库平台，并明确分工，带动其他高校的机构库建设。这种三级组织模式也是中国高等教育文献保障系统（CA-

LIS）机构知识库（China Academic Institutional Repository，CHAIR）的组织模式。西藏七所高校图书馆在 2011 年成为"教育部 CALIS、CADAL 项目西藏自治区服务中心"的成员馆，采用中国高等教育文献保障系统（CALIS）机构知识库模式，既可借鉴成功经验，也能便于技术力量薄弱的参建馆得到有效的实践指导，快速建立各自的子库。这种自上而下的建设模式有利于西藏高校机构知识库联盟的快速实现，可以统一业务标准和规范，可以为从组织管理角度解决技术和经费长期持续投入的难题提供保障，可以强化西藏高校图书馆对学术资源的存取能力，从整体上提高西藏高校的学术声誉和公共价值。

3. 重视"开放存取"理念的宣传推广，确保原生学术资源获取

西藏高校对于"开放存取"理念接触较晚，只有一些图书馆在主页上设立了"开放存取"资源导航栏目。要顺利构建西藏高校机构知识库联盟，全面丰富的原生学术资源建设是基本保障。作为建设主体的西藏高校图书馆应展开全方位的机构知识库宣传推广工作，全面普及"开放存取"理念和机构知识库基础知识，争取广大师生对机构知识库的认可和接受，保障资源提交和科学交流的顺畅，充分发挥机构知识库交流平台的价值；西藏高校图书馆也应加强与科研处、教务处、网络中心等相关部门的交流合作，形成统一的资源呈缴和收集协议，保障学校科研成果的完整收藏与利用。

4. 丰富资源类型，加强机构知识库内容建设

机构知识库的资源建设内容可以是机构内产生的所有类型的数字化资源。目前，西藏高校图书馆原生学术资源建设以收集整理与研究活动相关的本校师生的学位论文、专著、会议文献和自编教学参考资料为主，在资源类型、数量和数字化等方面仍有待加强。机构知识库的内容建设要重视对期刊论文、工作报告、视听资料、实验数据、课件、软件、专利等各类资源的整合，对于早期重要的纸质资源应尽快

进行数字化处理。既要收录已出版的学术成果，也要接受未公开出版的各类资源；既要重视完整资源的收藏，也要鼓励片段信息的提交；既要强调传统资源的全面收集，也要注重新媒体信息的整合。同时，要形成机构知识库质量控制机制和管理维护办法，保障学术信息的有效性和科学性。

5. 强调机构知识库的学术交流功能，提供多样化知识交流渠道

机构知识库以突出的动态性和开放性特征确保科学交流的即时有效，西藏高校图书馆构建机构知识库联盟，要为原生学术资源创造者和利用者提供有效的交流渠道，以利于学术成果的反馈和创新，促进藏学研究的交流与合作。随着网络和智能移动设备的快速发展，信息环境和用户信息行为都在不断发生变化，科学信息交流的动态、开放、及时成为西藏高校教学和科研人员的普遍需求，机构知识库的构建应注意引进新的信息交流模式，比如移动图书馆、学术博客、微信等，在研究者之间建立起畅通的交流沟通平台，有效地提高科学交流的质量和效率，使知识原创者和利用者都能及时获得学术反馈，激发创新。

6. 设定多元化开放权限，提供个性化服务

尽管"开放存取"、促进学术交流是机构知识库的最终目标，但在"开放存取"理念尚未深入普及的西藏高校，原生学术资源的提交者和利用者对资源访问模式及开放程度仍是存疑的；同时，考虑到为了更好地保护知识创造者的应有权利，针对不同用户和资源类型，现阶段的西藏高校机构知识库应设定多样化的访问权限：除了基本的题录浏览、检索、统计等功能，也应为不同级别的用户提供相应程度的内容浏览、定制、推送、下载等服务。

从上面的论述可以看出，西藏高校的学术研究主要以藏学为突出特色，虽然七所高校的专业设置各有侧重，但整体上基本覆盖了藏学研究的各个领域。以联盟模式构建机构知识库的基本策略，有利于对

西藏高校科研成果和科研数据进行整合、保存和科学管理，能够突出"开放存取"资源的藏民族文化特色，更重要的是能够促进西藏高校之间及学者之间的学术交流，激发科研和教学创新，提升西藏的高等教育和科研水平，助力藏民族文化的保护与传承。

第四章

全媒体环境下高校图书馆的转型

2008年北京奥运会开幕式,世界各国人士通过计算机、电视机、手机等各种方式观看了开幕式直播,全媒体受众接收率高达98.1%,这是中国大型活动全媒体直播的一次成功尝试。2008年12月,《非诚勿扰》风靡中国,这部作品由传统图书、国际互联网终端、手持阅读器、手机和电影院线五大渠道共同打造而成,这是中国第一部全媒体作品。凤凰卫视在这个时期也逐步走向全媒体化,逐渐拥有了电视、《凤凰周刊》、凤凰广播、凤凰新媒体、户外大屏幕等资源……这些资源的良好整合降低了信息资源的成本,使资源拥有量以乘法而非加法的方式迅速增长。自此,"全媒体"这个词开始高频率地出现在电视广播、报纸杂志中。图书馆界顺应历史潮流,积极关注社会与技术的发展动态,对全媒体带来的改变深入思考。而随着全媒体时代各种形式信息的出现、各种新技术的渗入以及一些数据库出版商的挑战,高校图书馆该如何应对这一新形势成为亟须研究的首要问题。

一 新媒体与高校图书馆服务功能转型

高校图书馆作为文献收集、信息处理、资料存储的关键场所,为学校和社会提供着专业性和综合性的服务。而新媒体应用则有效地拉近了图书馆与读者之间的距离,弥补了传统图书馆在服务和管理上的种种不足,为信息服务的创新发展和应用提供了优质的保障。

(一)传统高校图书馆的信息服务

一是服务内容和方式过于陈旧。大部分的高校图书馆馆员认为,高校图书馆的服务对象只是针对本校师生,不涉及社会各界的读者,面向的服务范围相对较小。很多高校图书馆的服务工作还停留在购书、借书、还书这种简单的模式中,服务意识比较被动,由此造成高校图书馆的服务质量和水平一直难以得到提高,也无法使读者享受到更优质的服务。

二是管理体制落后。大多数的高校图书馆都在延续着"重藏轻用"的服务理念,严重脱离了科学的管理思想和读者的实际需要。对高校图书馆馆员的管理也一直是采用传统静态的管理机制,没有建立起竞争制度。同时,重复建设的问题也是层出不穷,无法实现资源上的共享,在一定程度上阻碍了高校图书馆的建设和发展。另外,图书的发行也相对滞后,使学生和高校图书馆的距离越来越远——相比于高校图书馆,学生更喜欢利用网络搜集相关的学习资料,这主要也是由于图书发行的环节过于烦琐,造成图书内容无法紧跟时代发展的步伐。

三是高校图书馆馆员的整体素质有待提高。很多高校给予图书馆馆员的薪资待遇普遍很低,给予图书馆馆员的进修和发展的机会也是少之又少,所以造成高素质的专业人才不断流失。久而久之,往往难以确保高校图书馆服务工作的顺利开展。面对传统高校图书馆信息服务中的诸多问题,高校图书馆要想在日益严峻的市场竞争中,获得发展的条件和优势,就必须从资源建设与知识服务的各个方面进行创新调整,而新媒体的出现,为高校图书馆的创新和转型提供了优质的发展机遇。

（二）新媒体的特点

全媒体时代的突出特征是：新媒体的出现及媒介多元融合改变了信息的传播方式，其与技术进步带来的"信息泛在"相结合，改变了信息获取的传统模式。新媒体是相对于传统媒体而言的，是随着传播渠道和市场的进一步发展而产生出来的一种新兴的传播媒体，主要指的是国际互联网网络终端和手机这两方面的传播。简单来讲，就是利用信息技术，通过网络、数字技术等方式进行文字、声音信息传播的新媒体。新媒体的主要特点有以下几点。

1. 时空性

新媒体突破了传统媒体的局限，消除了各个国家、社会群体之间的局限，以及信息传播者和接收者之间的边界等。传统的报纸、广播等大众媒体往往受地域方面的束缚，而新媒体则与其不同，具有较强的开发性，依据的是国际互联网等先进的传播渠道，完全不受时空的约束。各类信息通过新媒体传播，能够以最快的速度传播到世界各个区域。这方面的突破不仅能够给予人们更优质、高效的服务，还能有效地推动各媒体之间的跨时空整合。

2. 成本低

相对于传统媒体而言，新媒体最大的特点就是在传播形式上的创新，它摆脱了传统媒体单一的传播形式，真正实现了信息资源的共享，使每个人都能进行信息传播。例如：新闻传播，传统媒体要通过编辑的选题、记者采集，最后整理后以报纸等形式传播给大众，传播的方式和获取的途径非常单一。而在新媒体背景下，每个人都能够通过快捷的方式向大众传播信息，而且成本低或无须成本，受众可以免费获取信息，这也为传统媒体的发展带来了新一轮的挑战。

3. 交互性和小众化

新媒体的应用加强了受众的参与度，使其能够真正融入新媒体传播中。受众可以变被动为主动，可以随时随地获取所需信息资源，还能够及时参与互动；在加强媒体与受众交流沟通的同时，更实现了受众之间信息的传播和互动，有效推动了大众文化的推广。在信息技术飞速发展的新媒体时代，每个人都能够通过国际互联网终端和手机等设备，随时随地发布和获取信息资源，并通过反复的沟通和交流，形成各种志同道合的交流团体，传统媒体往往面对的都是无差别的普通受众，而新媒体则可以将不同兴趣爱好的人群加以分割组合——比如各类网络游戏群体、交友平台等。新媒体的小众化，也使得广告商能够进行有目的性、有针对性的广告投放，极大地提高了广告效果，也为新媒体的进一步发展奠定了坚实基础。

（三）新媒体在高校图书馆服务中的创新应用

第一，运用新媒体实现个性化服务。个性化服务，指的是根据读者的特殊要求而提供的信息服务，或者是根据读者的使用喜好和习惯而主动向读者提供相应信息的服务。高校图书馆传统的信息传送，一般都是以邮件的形式为读者传送所需信息，但由于种种局限，一直未能取得良好的效果。而新媒体的简易信息聚合（RRS）技术能够为网络读者提供更优质的服务，读者可以利用其技术，通过一个阅读窗口将相似的信息资源进行有效整合，不需要再一一查阅，就可以获取高校图书馆网站发送的相关信息。

第二，运用新媒体开展阅读指导。在新媒体应用背景下，高校图书馆能够有针对性地指导高校读者合理地利用图书馆资源与服务，科学地检索文献资料、高效地选择自己所需的文献和信息资料等。使高校读者能够获得更充分的知识信息，使信息内容发挥最大限度的效果。高校图书馆还可以利用数字电视等新媒体，发布最新的图书、期刊等方面的信息，使师生能够及时了解相关书刊的最新动态。也可以邀请专家对重要书刊进行评价和推荐，使师生更加清晰地认识到各种

· 143 ·

书刊的学术性、信息性和相关性。可以运用更加新颖的角度，激发师生的阅读兴趣，从而实现阅读指导的积极作用。

第三，运用新媒体实行学科导航。目前，各高校都逐渐建立起了学科网络资源导航库，通过导航和链接将相关资源进行科学合理的整合，再从中提取出需要采用的信息资源——主要是通过学科馆员将现有资源进行整合、归纳以及搜集，从而使图书馆能够单方面地对用户传送学科信息的资源指南——也可以以图书馆为主体，搭建各个信息资源机构，建立起共建、共享的学科导航数据库。但是在建设过程中，高校图书馆一定要确保学科网络导航库资源组织的统一标准，不断深入和及时开发与更新学科资源，还要对学科信息定期进行客观科学的评价；同时还要不断开发有效的资源检索途径，从而提高访问人数和读者的参与度，提高图书馆信息服务的知名度。

第四，运用新媒体开展读者培训。运用国际互联网进行读者素质教育和培训也是高校图书馆信息服务创新的关键部分，是高校图书馆发展建设的必然趋势，而新媒体的产生为这一工作提供了良好的发展条件。它可以将与读者培训相关的专题讲座、随机辅导等传统活动设置在高校图书馆的网站上，随时随地向读者传递相关的图书馆规章制度，并且能够根据读者的需要，及时宣传文献信息的检索方式，开展相应的培训，引导读者进行科学的阅读，尽量降低由于读者自身素质方面的原因而导致不能正确地利用高校图书馆的概率。此外，也可以将博客技术与高校图书馆资源进行科学整合，在班级内部建立起虚拟学习平台，使其成为高校读者相互交流的活动平台，使高校读者能够及时将自己积累的知识信息进行发布，并和其他高校读者进行互动和交流，提高高校读者自主、合作、探究学习的能力。

第五，运用新媒体服务读者咨询。读者咨询服务是高校图书馆信息服务的关键部分。传统咨询服务主要是通过咨询台的形式来开展的，但是随着新媒体的出现以及读者需求的不断增加，高校图书馆的咨询服务也随之发生了改变。在新媒体环境下，咨询服务将数字参考咨询和媒体环境进行有机结合，并创新出了更多、更科学的服务方式和内容，利用新技术、新模式有效提高了咨询服务的实际意义和价值，不仅能够及时解决高校读者出现的各类问题，还能有效地提高咨询服务的质量和效率，大大弥补了传统咨询服务交互性和单向性方面的不足，充分满足了高校读者个性化和规范性的要求。

另外，也可以利用博客技术在高校图书馆与高校读者之间建立起交流沟通的平台，使高校图书馆馆员能够及时地了解不同高校读者的要求。高校读者也可以通过其平台随时随地进行咨询服务反馈，使高校图书馆馆员能够根据反馈信息适当调整自身的服务方式和内容。高校图书馆馆员也可以利用自身的网络空间，与高校读者建立起互动交流的平台，方便高校图书馆馆员为高校读者提供更优质、更快捷的服务。从整体上提高高校图书馆的信息服务质量和水平，不断促进其信息服务方面的创新，推动高校图书馆的进一步发展与建设。

在新媒体背景下，高校图书馆信息服务的创新是一个烦琐且系统的过程。为了能更好地服务于广大高校读者，必须从服务理念、管理机制、馆员的素质培养等方面进行创新，从而突破传统服务和管理方面的束缚，拓展出更多传媒渠道，使高校读者能够更加方便地获取和使用知识信息，同时也促进高校图书馆创新服务的质量和水平不断得到提高。

二 高校图书馆教育职能转型

当全球进入全媒体的新世界秩序中，媒介环境的变化改变了大学生的信息行为方式，终身学习和社会发展也对大学生提出了较高的"媒介和信息素养"要求。对大学生而言，具备对信息的选择能力、理解能力、评估能力、创造生产能力以及思辨的反应能力——即良好的信息甄别能力与媒介素养，是适应信息化社会所必需的能力。高校图书馆传统的素养教育已不再适应媒介环境的发展，其整体功能需要及时转型，应通过创新服务使其成为知识信息的传播基地和大学生"媒介和信息素养"的教育基地。从发展的角度来看，大学生个体成长需要具备的综合素养涵盖了意识、知识、技术、道德、能力等不同层面，技术和人文环境对大学生个体的素养要求则是动态发展的。从实践层面来看，高校图书馆能否利用知识信息汇集、传播和研究的优势来助力大学生"媒介和信息素养"的提升，直接决定了其知识服务的拓展水平，高校图书馆应从资源建设全媒体化、信息服务立体化、素养教育多元化等方面创新服务，重构全媒体时代高校图书馆的素养教育功能。

（一）"信息素养""媒介和信息素养"、图书馆

全媒体环境下的信息呈现出智能、移动和全息的特征，信息的交流、传播、表达变得更加随意，能够理性选择媒介与信息、利用信息促进个人和社会发展变得尤为重要。2012年，联合国教科文组织提出了以信息素养和媒介素养为核心，涵盖数字素养、信息通信技术等诸多素养因素的"媒介和信息素养"（Media and Information Literacy，简称MIL）概念，2013年将其正式定义为："'媒介和信息素养'（MIL）是公民能够以批判、道德与有效的方式，运用多种工具去存取、检索、理解、评估、使用、创造和分享各种形式的信息与媒介内容，并融入个人、职业、社会行动的综合能力。"[①] 简单来说，"媒介和信息素养"教育就是培养与提升人们"媒介和信息素养"的教育模式，其核心目标包括：掌握一定的媒介知识、正确分辨媒介信息的意义和价值、掌握一定的传播和应用媒介信息的知识与方法、能够使

[①] UNESCO, Global Media and Information Literacy Assessment Framework: Country Readiness and Competencies (2013), http://10.1.0.170/files/2071000000F47CA7/unesdoc.unesco.org/images/0022/002246/224655e.pdf, p. 52.

用不同媒介发展自己四个层面。传统的"信息素养"强调信息技能,"媒介和信息素养"更加关注信息主体在复杂信息环境下是否具备批判性思维和对媒介信息的解读能力,强调个人素养与终身学习能力相适应,并最终有益于知识社会的发展。

联合国教科文组织认为,信息、媒介、国际互联网和图书馆共同构成了"媒介和信息素养"的核心要素,肯定了图书馆是推进"媒介和信息素养"项目的关键环节。图书馆界亦敏锐觉察到"媒介和信息素养"与"信息素养"教育密切相关并积极做出响应:国际图书馆协会联合会在2011年将"媒介和信息素养"定义为:"'媒介和信息素养'由知识、态度以及各种技能组成,通过这些技能可以知晓何时需要何种信息;从哪里并且如何获取所需信息;发现信息时如何进行客观评价和有序组织,并且以正当的方式加以利用。这一概念突破了利用通讯与信息技术来实现学习、批判性思考以及不受职业和教育背景限制的阐述技能。媒介和信息素养包括所有形式的信息资源:口述、印刷以及数字的。"[1] 这一定义不仅强调了对信息理性判断的重要性,同时也注意到了信息与终身学习紧密关联的专业属性,以及信息资源的多样化特征。2015年2月5日,美国大学与研究图书馆协会(ACRL)理事会对《高等教育信息素养能力标准》进行了重新修订,正式通过的《高等教育信息素养框架》对"信息素养"概念进行了重新界定——"信息素养是包含一系列能力的整体,包括:反思性发现信息,理解信息如何产生和进行评估,利用信息创建新知识并合乎伦理地参与学习社团。"[2] 显而易见,面对多元融合的媒介信息环境,无论是从传播的角度还是从利用的角度,大学生都应该具备较高的媒介和信息

---

[1] 国际图联管理委员会:《国际图联媒介和信息素养建议书》(2014年中文翻译版),http://www.ifla.org/files/assets/information-literacy/publications/media-nfo-lit-recommend-zh.pdf.

[2] 韩丽风:《高等教育信息素养框架》,《大学图书馆学报》2015年第6期。

解读能力以及综合利用能力，图书馆传统的信息素养教育和信息服务功能应做出改变，要关注图书馆服务胜任力的提升，实现素养教育与服务实践的有效融合。

（二）大学生"媒介和信息素养"教育现状与存在的问题

"媒介和信息素养"是在"信息素养""媒介素养"等概念的基础上发展起来的，它包含了更加丰富的素养因素，对高校图书馆教育职能的实现提出了更高的要求。目前，高校图书馆比较注重对用户进行信息素养、阅读素养的培养，在"媒介和信息素养"教育方面还存在许多问题。

1. 从图书馆角度来看，"媒介和信息素养"教育功能没有充分发挥

作为"媒介和信息素养"核心要素之一，高校图书馆理应在大学生"媒介和信息素养"教育中发挥重要作用，高校图书馆也试图通过新生入馆教育、信息检索课、阅读推广、信息咨询等服务的常态化强化其教育功能，但多数高校图书馆仍然在服务过程中过度强调资源推广和大学生信息获取技能培养。据调查，多数接受过专门的信息素养培养的大学生，首选的检索途径仍然是搜索引擎，不仅忽略了高校图书馆的资源和服务，甚至不了解专业领域的开放资源，不考虑寻求知识服务馆员的帮助。

2. 从用户层面分析，则存在更多的问题

其一，大学生普遍缺乏对信息可靠性和权威性的理性判断能力。技术的发展使信息内容和形式更加多样化，信息获取变得更加便捷，媒介信息解读能力的缺乏，将直接影响到大学生的信息选择，这主要表现在：缺乏批判性思维意识，对于谬误及破坏性信息盲目接收，直接影响到大学生正确价值观的形成；对信息源缺乏了解，不可靠信息的随意获取和应用直接影响到大学生个人创建信息的质量；欠缺寻求

可靠或权威信息的方法，大学生很少会考虑通过期刊评价指标、出版物类型、作者学术声誉等因素判断信息的可信度和质量，最终影响到有效信息的获取；盲目接受专业领域的权威观点，缺乏创新意识，难以形成有价值的研究成果。

其二，缺乏对大学生信息交流与表达能力的培养。新媒体和自媒体的盛行，使高校图书馆传统的面对面沟通或交互式网页沟通不再是大学生首选的参考咨询方式，当遇到问题时只有少部分大学生会选择与教师或图书馆馆员在线交流，同时，直接通过社交媒体寻求答案也很难获得专业解答。多数大学生利用信息的目的是完成作业或论文写作，本身就忽略了信息交流与表达的重要性。这主要表现在：很少了解或参与网络论坛、开放学习空间、微信、微博等图书馆或专业机构提供的交互平台交流学习和研究经验，更多的是通过自媒体或通用搜索引擎寻求解答。特别是，人文与社会科学专业的学生往往缺乏必要的信息与通信技术素养、数字素养等，很难通过必要的工具有效组织知识信息或展示信息应用成果。

其三，大学生的新媒体素养教育有待加强。当代大学生在大众媒介普及的环境中长大，新媒体的盛行极大地丰富了他们的信息获取渠道和内容，也成为学生学习生活的主要工具。尽管高校图书馆提供了基于网络或移动服务的新媒体平台，但对于文献管理软件、虚拟学习空间、新媒体检索技术等知识的普及和教育却没有系统融入相关课程或服务。智能移动设备的普及使社交媒体成为大学生的主要交流平台，信息安全、信息伦理等问题日渐突出，这部分内容在高校图书馆提供的素养教育中也是极其有限。

其四，大学生有效组织运用信息的能力急需强化。对获取信息进行有效组织和运用的过程，就是大学生完成专业学习和研究的过程。大学生往往只是被动地接受检索工具提供的检索结果，缺乏必要的筛选技能，很难快速获取有效信息。对于文献、信息、媒介等知识的欠缺，也容易造成检索工具选择失误，进而直接影响检索结果。大学生很少意识到不同创建阶段产生的信息产品，不仅存在形态差异，而且其功能和价值也有差异，这需要与研究过程不同阶段的任务相匹配才能发挥应有的作用。大学生在组织运用知识信息的过程中开放性思维的欠缺，也导致他们无法对信息进行合理的分析、评估、演绎和表达。

（三）"媒介和信息素养"教育与图书馆服务有效融合的必要性

无论是从教育主体与受众、还是从媒介信息内容与传播环境的发展来看，高校图书馆的"信息素养"教育都有必要向"媒介和信息素养"教育转变，还应通过服务创新更好地发挥教育职能。

1. 高校图书馆知识服务的发展本身就包含了"媒介和信息素养"教育功能

"媒介和信息素养"教育旨在使信息主体具备信息研究能力，使其能了解知识的结构，高效地发现自己所需的有用信息，并知道如何获取信息。高校图书馆普遍开展的学科服务形式多样且日渐深入，参考咨询、用户培训、阅读推广、学科分析、文献传递、嵌入式信息素养教育等内容从不同角度提供了综合培养大学生媒介素养、信息素养、阅读素养、信息与通信技术素养、视觉素养的可能性。起源于图书馆实践的信息素养教育应充分整合图书馆本身所具备的专业人员、文献资源、学习环境、网络和终端设备等优势，融合课堂教学与服务实践，改革技能型素养教育，强化信息安全、信息道德、自由表达和民主参与，综合提升大学生个体的"媒介和信息素养"，注重大学生个体进步与可持续发展紧密结合的教育落脚点。

2. 大学生信息行为改变需要强化素养教育的实践性

传统的信息素养教育常因过于强调技能、重理论轻实践等而饱受诟病，完全以课堂为教学平台也不能很好地调动大学生的学习热情。

联合国教科文组织在《媒介和信息素养课程计划（教师用）》中概括了教师在完成教学的过程中应该具备的专业知识和技能，包括：理解媒介与信息在民主中的角色、理解媒体内容及其使用、有效并高效地获取信息、精确地评估信息与信息源、应用新旧媒体、定位媒体内容的社会文化语境、在学生中推广"媒介和信息素养"并处理相应的变化。这些要求既是"媒介和信息素养"教师必须具备的能力，也是在全媒体环境下所有信息主体应当具备的基本素养。在全媒体环境下，"媒介和信息素养"教育应该具有更强的实践性，如果还是以课堂教学为主要平台进行灌输式教学，显然不能达到"媒介和信息素养"培养目标。"媒介和信息素养"教育要在图书馆工作和信息素养教育实践的基础上，改进课程体系和教学方法，创新图书馆信息服务，推动素养教育与服务实践的有效融合，引导大学生主动参与信息过程，提高大学生学习热情，综合提升其信息处理能力、个人终身学习和创新能力。

3. 全媒体环境提供了高校图书馆"媒介和信息素养"教育多维化的可能性

全媒体环境的形成，不仅使信息主体获取信息更加便利，也为高校图书馆开展"媒介和信息素养"教育提供了多元途径。除了传统的信息检索课，高校图书馆资源载体的多样化、服务方式的立体化都使"媒介和信息素养"教育全方位开展成为可能。高校图书馆在提高传统服务项目质量的同时，可以广泛利用在线咨询、QQ等网络通信工具，或者利用学科博客、图书馆公告板等网络互动平台，以及移动图书馆、微信、微博等移动服务方式，全方位开展信息服务，努力利用这些创新的服务平台形成高校图书馆"媒介和信息素养"教育多维空间，通过读者参与和互动，综合提升大学生媒介信息素养。

（四）高校图书馆教育职能重构

在全媒体环境下，大学生必须具备对媒介与信息进行评估、选择、获取的知识、技能和态度，高校图书馆亟须顺应时代要求，改革信息和素养教育的内容与方法，从信息资源全媒体化、信息服务立体化、素养教育多元化等方面创新信息服务，全面提高大学生"媒介和信息素养"，使其获取终身学习和可持续发展的能力。

1. 创建全媒体资源库

信息形态和传送途径的多元化要求高校图书馆不仅要提供纸质书刊借阅等服务，还应从更广阔的视野出发，建立全媒体资源库，使大学生通过图书、电脑、手机等不同终端对资源随时随地触手可及，有问题可以在专门的学习空间随时随地寻求解答。这包括：

（1）馆藏资源全媒体化

资源建设是高校图书馆创新服务的基础，馆藏资源质量直接决定了高校读者阅读的内容。媒介多元化使高校读者可以根据自身需求选择不同形式的信息，对同一信息内容，整合纸质资源和数字资源，甚至其音乐、广播、影视等形式方能达到全媒体传播的效果。作为教学和科研的文献信息中心，高校图书馆应既收藏印刷型文献，也收藏缩微型、音频视频型、数字型、数据库、手机图书馆等各种类型的资源，实现馆藏资源全媒体化，使同一信息内容能够通过纸质书刊、国际互联网、手机、移动阅读器，甚至户外大屏幕、收音机、电视机等渠道共同提供给广大读者。

（2）加强文献资源数字化建设

全媒体时代来临，数字化和移动化阅读成为大学生最突出的学习特征，高校图书馆应及时调整馆藏结构里数字化文献所占的种类和比例。在数量上增加符合网络终端、手机及其他移动阅读终端格式的电子文献量，并根据读者需求，在内容上精心选择，及时更新，防止重要读者群的流失。在内容上要特别重视重点学科文献和特色资源的数字化工作，以利于资源共建、共享的实现。高校图书馆可以通过与院系、信息技术部门、高级计算部门的联合，开展数字文献的采集、整理及利用工作，建立、开发、维护支持数字化学习与研究的知识库，保证高校图书馆在全媒体环境下仍然是高校的学术信息中心。

（3）知识空间共享化

高校图书馆不仅承担着文献流通功能，更肩负着素养教育、知识服务、信息沟通、文化遗产保存等功能，不仅要为高校师生提供各类文献资源保障，也要为他们的研究和学习创造条件。创建知识共享空间，构建信息交流与关联的环境，让信息始终处于畅通和活用的状态，将使读者能够自由获取、交流、表达与创新。在知识共享空间里，高校师生既能获得研究或学习所需的、基于知识单元具备了某种关联度的纸质文献、缩微文献、多媒体文献、数字化文献、虚拟文献、甚至云端资源，也能在不同的平台上及时交流经验或寻求答案，在这样的环境中，高校师生在开展科研或学习时将产生事半功倍的功效。

2. 创新立体化信息服务模式，实现教育与服务功能的融合

在全媒体时代，高校图书馆用文字、图片、影像、声音等载体，为读者提供了多样化的信息资源，手机、数字电视、电子阅读器、智能移动终端等新设备成为了重要的信息服务工具，信息服务创新要注重功能的教育性、便捷性、互动性和个性化。第一，基于全媒体化馆藏资源，高校图书馆应以主题为基准点，以一站式检索为手段，为师生用户提供与主题知识单元相关的便捷服务，使读者能够围绕一个主题一次获得馆藏与之相关的纸质文献、电子全文、照片、缩微胶卷、声频视频、数据库、虚拟文献等媒介信息，也可得到机构内外关于同一专题内容的共享、购买、交流等获取渠道，通过全方位一站服务有效实现资源获取、互动交流，在满足读者信息需求的同时，也帮助高校师生获得媒介、信息与服务的相关知识。第二，可以通过举办素养竞赛活动、阅读沙龙、专家文化讲座等，突出对大学生综合素养的培养，增强他们的参与意识、合作意识和集体责任感。开通微信公众

· 153 ·

号、官方微博，安排素质较高、服务态度较好、思维活跃、热爱新技术新媒介的高校图书馆馆员负责管理账号，方便有问题的高校师生随时随地咨询，并能在第一时间获得回复。移动图书馆除了可以为读者提供电子信息资源服务，也可以提供在线课程和虚拟交流，使"媒介和信息素养"教育无处不在。第三，基于全媒体技术，为用户提供个性化信息服务。高校图书馆可根据用户的身份特征进行大数据分析，把受教育者进行有效分类，甄别不同层次信息需求的主要特点，有针对性地推送同一知识信息的不同媒介形式，如给高校教师主要推送文字媒介的学术性知识内容；为大一、大二学生主要传递图片、视频、动画等直观媒介的知识内容，多给他们提供纸质图书阅读，提供观看电视新闻、收听各种学术讲座的机会；为毕业班大学生则应提供数据库检索技巧、信息综合运用知识、如何在知识共享空间与专家和同行交流、寻求创业求职方面的知识获取、公务员和考研等方面的信息更新等。个性化信息服务将使高校读者有更多选择，特别是能根据个人喜好获得属于自己特有的媒介信息。

3. 融合多元素养内容，提升高校图书馆教育功能

全媒体技术给高校图书馆实现三网融合和各种载体、媒介、形式、空间的聚合带来可能，也为其开展立体化"媒介和信息素养"教育提供了技术支持。高校图书馆应厘清传统课堂和新兴在线教育的弊端与优势，融合多元素养因素改进教学内容，运用多种渠道和多种终端搭建立体化"媒介和信息素养"教育平台，并在不同的平台综合采用多样化的教学方法。

（1）对传统课堂教学内容和模式做出必要的调整

在现有条件下，传统的课堂教学仍是高校图书馆素养教育的主要平台，但由于在内容上过度强调技能，在方法上授课与实践分离、需求与教学脱节等导致了课堂吸引力不足、教学效果差，因此，变"灌输式"教学为"参与式"教学将成为素养教育改革的主要方向。一

是教学内容要增加信息解读和评估能力的培养，要适当增加图书馆、档案馆和其他信息提供者特定功能的相关内容，强调信息质量评估和可靠信息选择技巧，增加新媒体使用、文献管理、协作交流等内容，培养大学生对媒体消息及多来源信息的理解判断能力，使其在多元融合的信息环境下能够自由选择、获取、利用、创造、表达和协作。二是在教学方法上应更多地采用翻转课堂、专题研究、案例分析、文献研究、应用实践等互动性、实践性较强的方法——比如，对同一主题内容要求学生提供不同载体的信息，或通过不同媒介形式获取相关信息，应会利用简易信息聚合（RSS）工具对某一专题进行个性化信息定制，并能通过统计分析概括研究趋势。三是加大嵌入式教学的力度，促进"媒介和信息素养"教育与专业学习的紧密结合。嵌入式教学能够扩大教学覆盖面，使学生即使不选修相关课程、不参加培训讲座也能接受系统的"媒介和信息素养"教育。应深入专业课堂，更有针对性地在专业学习过程中对学生进行指导，根据专业学习需求灵活开展不同形式和内容的教学。对大学生来说，应该帮助他们完成作业或论文写作、学会使用新媒体综合利用信息资源、通过协作完成学习任务，这将有效增强"媒介和信息素养"教育的吸引力，达到良好的教学效果。

（2）构建全新立体化"媒介和信息素养"教育平台

当代大学生具有新媒体使用主动性和熟练性等特征，利用网络平台、智能移动设备开展在线教学能够有效实现"媒介和信息素养"教育的普及和推广。同时，"媒介和信息素养"课程既适用于印刷环境也适用于视听环境——包括报纸、书籍、广播、电视，以及在线新闻媒体和其他信息提供者……即使在高科技使用受限的环境下它一样可以使用。考虑到经费、生源等因素，"媒介和信息素养"教育平台的搭建必须是立体化的，要使不同层次的高校读者都能够选择到适当的学习途径。但要注意的是，课堂教学或在线教学都不能成为高校图书馆资源与服务推广、数据库使用方法等传统文献检索课教学内容的延续，而应更多地为高校读者提供自由、开放的交流环境——重视互动功能设计，充分利用课堂、网络和移动终端增强师生互动，有效提高学习效率；合理利用并提供大型网络开放课程、文化视听资源、专题网站等馆外开放资源，增强教学资源的丰富性；提供课程组合选择，突出"媒介和信息素养"教育的个性化；充分发挥新媒体、自媒体的作用，开通移动图书馆、微博、微信、QQ、标签、论坛等，强化全媒体时代"媒介和信息素养"教育的全息化特征；要求学生发现并利用本专业领域的学术论坛、E-learning 资源、"开放存取"资源等，学会利用网络学习空间的信息、数据、程序、教学软件，积极参与讨论小组、新闻组，能够参与专业或文化对话，在交流中拓展思维。

在全媒体环境下，能够获取并利用信息已不再是大学生终身学习能力的全部内容，具备理解、评估、获取、使用、创造和分享信息的综合能力已经成为大学生发展必备的素养要求。高校图书馆要及时探讨大学生素养教育的内容和方法，拓展图书馆知识服务，践行信息自由理念，提升高校图书馆教育服务能力，使高校图书馆在数字化时代立于不败之地。

三　高校图书馆教育服务主体重构

在全媒体环境下，高校图书馆具体如何转型、如何构建创新型信息服务和素养教育是当前高校图书馆共同面对的重要问题。除了引进新媒体、改变传统的资源建设和服务方式，高校图书馆自身的组织建设方式和人员素质都有必要做出及时调整。

（一）信息服务机构重构

信息技术不断更新及其在图书馆界的广泛应用，给图书馆带来了一场深刻的变革。因此，对业务机构进行重构，成为了高校图书馆在全媒体时代中求发展的必然选择。要做好高校图书馆信息服务的创新，首先要对原来高校图书馆的机构进行重组，以前采编部负责纸质图书采访编目、流通部负责读者借阅、信息技术部负责管理电子信息资源、参考咨询部负责读者咨询等传统分工都要进行改变甚至重组。要使原来各部门的功能和内容既有分工，又有合作。要做到各部门工作人员各负其责，既发挥出各自的力量，又有良好的合作，使效率最大化。

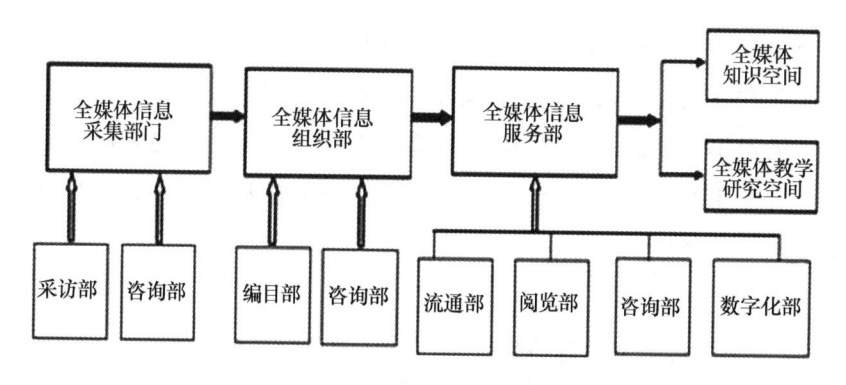

图 4-1　高校图书馆信息服务机构重组

从图 4-1 可以看出，在全媒体环境下，重新构造的高校图书馆部门设置是基于全媒体这一主线，从用户服务的角度出发，着力打造一条包括"信息统一采集、信息统一组织加工、信息统一提供利用"的业务流程。在该业务流程里，可以将同一信息内容的不同媒介形式——包括纸质媒体、手持阅读器、手机、国际互联网终端等媒体形式——全部以信息节点为基准囊括进某一业务模块，从而为师生用户提供基于主题的知识服务。

在重新构建的机构中，全媒体信息采集部包括了原有采访部的全部工作内容和原有咨询部的部分工作内容——即新建的该部主要负责采集全馆的各种媒介形式的文献资源，包括纸质的、数字的、虚拟的资源。不管属于何种内容，不管依附何种载体，只要符合馆藏建设需要的文献资源，全部由该部门统一采集。全媒体信息组织部则包含了原有编目部的全部工作内容和咨询部或技术部的部分工作内容，该部门主要负责对纸质媒介文献进行编目加工，对数字文献包括电子图书、数据库等进行组织整合，对虚拟文献进行加工整合，等等。而全媒体信息服务部则包含了原有的流通部、阅览部、咨询部等的工作内容，其主要是通过利用全媒体技术，利用各种全媒体资源，以一站式、一条龙式的模式为高校师生用户提供信息服务。该部门的特色在于设置有两大空间——全媒体知识空间和全媒体教学研究空间，便于师生在此教学、研究、讨论与交流，实体的空间服务加上虚拟的交互技术的运用，丰富多彩的全媒体资源及时呈现，于是，各种深邃性的思想火花将源源不断地得以迸发，各种创新性的科研成果也将如雨后春笋般得以产生。

（二）素养教育主体重构

全媒体环境要求高校图书馆素养教育的内容从"信息素养"转变为"媒介和信息素养"，教学方式的立体化和教学内容的多元化要求教学团队必须进行专业重构。作为"媒介和信息素养"核心要素之一的高校图书馆，因其资源优势、服务群体和需求特点成为"媒介和信息素养"教育的主要承担者，西藏高校培养大学生"媒介和信息素养"的教学团队还应该包括民族学、传播学、文学、历史学、信息技术科学及思想政治教育等专业领域的教师，突出媒介素养、信息素养与其他素养有机融合的特点，创建紧密相关的"媒介和信息素养"新课程。在教学的过程中，有必要与新媒体、新闻出版机构、博物馆、档案馆、电视台、网络企业等外部力量联合，丰富素养内容，增强教学的实践性，帮助大学生更好地获得自主学习和终身学习的能力。

就教师个体来说，具备必要的"媒介和信息素养"是完成教学任务的必然要求。针对少数民族大学生的"媒介和信息素养"教育，要特别重视培训教师的理解与使用媒体内容、有效获取信息、精确评估信息与信息源、新媒体应用及与学生沟通等职业能力。在教学过程中，"媒介和信息素养"教师应能够了解与分析不同民族的大学生在学习生活中如何解读和获取信息，培养学生正确判断选择信息的意识和能力、使用新旧媒体获取信息的技能、在学习中使用图书馆资源的能力、积极合作和主动交流的热情。对"媒介和信息素养"教师的培训，需要有学校层面的科学规划和政策支持，应建立教师培训计划，或利用相关项目送教师外出培训，邀请校外专家进校指导，鼓励教师积极参与业界学术交流，充分利用各类教学平台和教学契机进行自主学习。同时，高校图书馆之间应畅通交流，共同探讨大学生"媒介和信息素养"教学过程中遇到的问题，及时修正课程内容和教学方法。

（三）图书馆馆员综合素质重构

图书馆的变化时刻反映着社会生产力水平的提高和人类文明的进步。全媒体环境的形成给高校图书馆发展创造了无限可能。高校图书馆面临着飞跃的机遇，也面临着全新的挑战。高校图书馆馆员的综合素养是衡量高校图书馆服务能力和水平的主要标志，也决定了高校图书馆能否拥有丰富的信息资源，能否为高校师生提供全、新、快、准的信息服务。

1. 全媒体环境的发展要求高校图书馆馆员必须具备的素养

（1）"媒介和信息素养"

在现代信息社会中，高校图书馆已成为国际互联网的重要信息资源，高校图书馆馆员的作用不但没有被削弱，反而在信息处理、加工、传播等方面承担着举足轻重的责任。用户的各种需求都与图书馆馆员分类指导、参与咨询分不开。这就要求高校图书馆馆员必须具有强烈的竞争意识、信息意识,同时具备判断、分析、识别、整序、传播等信息处理能力,能够针对不同用户全方位、多角度地灵活选择各种信息资源,帮助高校用户得到可以利用的信息。因此,除了要求高校图书馆馆员掌握传统的图书情报理论、方法,还要推动他们的信息加工、传播,以及数据库技术、信息检索技术等专业知识的学习。

(2)语言能力

传统用于科技信息发布的语言主要是包括中文和英文、法文、德文、意大利文、日文等的12种语言,但在全媒体环境下,信息传播的语言环境也发生了很大变化,据统计,目前常用的学术信息发布语种已经超过80余种。其中,英文在网络技术使用的各种软件及其网络资源中仍然占有相当大的比例,网络90%的信息资源都是英文资源,要想及时跟踪和获取当今世界的最新信息、资料,必须要突破语言障碍。因此,熟练掌握一门外语,特别是英语,已是当前高校图书馆馆员必备的一种基本素养。

(3)表达沟通能力

在现代信息服务工作中,文字仍占主体部分,高校图书馆馆员除了负责过滤、筛选网络信息以外,还要用准确、清晰、简明的文字来撰写各种信息评价、摘要、专题报告、综述、学术论文等,以便使新成果、新见解得以及时推广,进一步为高校师生提供优质高效的服务,现代高校图书馆馆员必须具备过硬的文字表达能力。高校图书馆工作的价值是通过为用户提供各种服务而实现的,同时也是一种人际交往、沟通的过程,良好的沟通有助于了解不同用户的需求与期望,以便及时分析和解决问题。高校图书馆馆员应该加强心理学、公共关系学等软科学方面的知识学习,锻炼语言表达和说服能力,努力缩短高校图书馆馆员与高校师生之间"共识"的距离,逐步建成一种互相信任、相互理解的相融关系,用真诚的服务去争取更多用户的支持,提高高校图书馆馆员在用户心目中的地位和影响。

(4) 信息技术的应用能力

随着现代信息技术在图书馆的广泛应用,高校图书馆的工作人员都要不同程度地掌握现代化技术。这主要包括:计算机日常操作、系统开发与维护、信息存储技术、信息检索技术、网络技术、新媒体技术,特别是国际互联网的各种实用技术,以保证高校图书馆馆员在网络环境下能顺利地进行信息处理工作。

(5) 较强的专业技能

国际互联网的信息资源往往是由各种专业性、综合性很强的数据库组成。要想更好地为高校师生用户提供优质服务,就要求高校图书馆馆员能够利用各种专业知识来正确分析、判断信息质量及其利用价值,这是高校图书馆馆员业务素质高低以及能否让信息服务增值的重要体现。同时,高校图书馆自建各类专题数据库也必须拥有一大批训练有素的专业人员,所以需要高校图书馆馆员在具备广博知识的基础上,努力使自己逐步成为某一学科方面的信息咨询专家。

2. 图书馆馆员素养综合培育

从上述高校图书馆发展对高校图书馆馆员素质的要求来看,目前高校图书馆馆员的素质对其所肩负的任务仍有不匹配的地方,在计算机操作、"媒介和信息素养"、深层次文献开发与服务等方面仍显不足。因此提高高校图书馆馆员素质势在必行,具体应从如下几方面着手。

(1) 加强岗位培训

应本着学以致用原则,采取不同形式进行岗位培训。如对缺乏上岗实际经验的新图书馆馆员进行适应性教育;对高级信息开发和管理人员进行有针对性的学术性教育;对有实践经验和培养前途的人员进行提高性教育。还应要求老图书馆馆员不断学习以达到知识更新的目的。培训的内容要围绕着网络技术、信息存储技术、信息检索技术、多媒体技术及外语、语言学、心理学、公共关系学等方面进行。

(2) 培养高级专业人才

对一些基础好、素质高，接受新技术能力强的高校图书馆馆员，要进行特殊培养。一是开展一些启发式培训，有选择地向他们提供推荐有关书籍、专业杂志，或不定期举办图书馆新动态、新技术、新理论等方面的专题讲座，培养他们的自学能力、研究能力、创新能力及应变能力，及时掌握图书情报发展动向，使他们逐步成为科研与现代化技术应用的高级人才。二是可以选拔和输送骨干人员到重点高校进修，甚至可以攻读硕士、博士学位，以培养较高层次的人才，改善现有人才的学科结构和层次结构。

(3) 积极引进竞争机制

应通过人才的合理流动和人才的公开招聘，逐步形成"需要的人才进得来，多余的人员流得出"的机制。同时，在高校图书馆内人员中实行公开招标，层层聘用，合理竞争，改变"干好干坏、干多干少、干与不干一个样"的现象。积极倡导"合理竞争、能者为上"的价值取向。积极开展"比干劲、比绩效、比成就"的竞赛，努力激发起人们积极向上的精神。

第五章

图书馆教育职能发展实践

当全媒体时代来临，并日益成为信息传播领域的重要发展特征时，终身学习和适应社会发展对高校图书馆提出了新命题。对大学生而言，具备对信息的选择能力、理解能力、评估能力、创造生产能力以及思辨的反应能力——即拥有良好的信息甄别能力与媒介素养，是适应信息化社会发展所必需的能力。西藏大学生作为西藏未来发展的重要力量，其素养水平对地区整体信息消费能力和西藏的稳定发展有着直接和深远的影响。当前，西藏高校图书馆传统的信息素养教育内容和方式都已不再适应信息环境的发展，需要通过教学方法的改进和教学内容的更新来实现整体功能的及时转变。

一 信息素养教育现状及发展

信息素养，又称信息素质，自美国信息产业协会主席保罗·泽考斯基（Paul Zurkowski）于1974年提出这一概念，不同的学者和协会都从获取和运用信息的能力这一角度给了它不同的定义。2003年，联合国教科文组织国际信息素质专题会议正式将信息素养定义为一种能力，它能够确定、查找、评估、组织和有效地生产、使用和交流信息，以此来解决某个问题。也有学者从树立正确的信息观、具备利用信息的能力，以及掌握发现、获取、组织、应用信息资源的技巧三个方面概括了信息素养的全部内涵。在数字化环境中，信息资源进一步复杂化，具备敏锐的信息意识和良好的信息发现、获取、创新能力是大学生个人发展的核心竞争力，也是大学生脱离学校有组织地学习之后进行终身学习的必备能力。1984年2月教育部印发《关于在高等学校开设文献检索课的意见》的通知，多数高校以选修课的方式开设了文献检索与利用课，以培养大学生的信息意识和现代信息检索基本技能为目的。

（一）西藏高校图书馆信息素养教育现状调查

1. 教育形式调研

西藏七所高校图书馆采用的主要教育形式有新生入馆教育、数据库培训和文献检索教育三种。新生入馆教育以图书馆资源与服务推广为主要内容，多数西藏高校图书馆开展了数据库与电子信息资源使用方法培训，有四所西藏高校图书馆正式开设了文献检索课程，西藏大学图书馆和西藏民族大学图书馆通过开展学科服务进一步实现了信息素养教育的专业化和多元化。西藏大学图书馆每学年有针对性地选择3—4个学院开课，并及时根据读者需求组织多种形式的图书馆服务推广活动，邀请专业教师直接参与相关讲座，强化了培训与专业学习的紧密结合。西藏民族大学图书馆将文献检索课纳入学校通识选修课程计划，近年也通过专题讲座或阅读沙龙等方式对读者阅读素养、视听素养、信息与通信技术素养进行综合培养。

2. 利用新媒体开展信息素养教育情况

随着数字化和国际互联网的发展，基于Web2.0技术的信息服务也在西藏各高校不断普及，尤其是QQ在线咨询、微信等信息服务的开展体现了全媒体时代信息技术对西藏高校图书馆的渗透，已经成为各馆普遍采用的新型信息素养教育方式。通过新媒体途径提供教学视频、推送资源、组织在线竞赛，使教师可以迅速帮助咨询者解决相关问题，有效促进师生互动，实现图书馆信息素养教育全息化的创新，确保信息素养教育的高效和协作共享。例如，西藏民族大学图书馆通过微信公众号，成功组织了万方知识服务平台的在线答题活动，以图文并茂的方式推广特色数据库使用，以移动服务为手段、以游戏为形式、以奖励为激励，有效实现了资源使用的生动教学。但西藏藏医学院图书馆和西藏警官高等专科学校图书馆至今没有独立的网页，微信公众号仅有西藏大学图书馆和西藏民族大学图书馆开通，微博则没有一个图书馆开通，这说明，西藏高校图书馆利用新媒体开展信息素养教育有待进一步完善。

3. 教育导向调研

其一，目前西藏高校图书馆的信息素养教育主要以实践为导向，数据库与电子信息资源使用、图书馆资源推广、服务导航培训等是教学重点，也有个别馆考虑到了学生思维水平和实践能力的提升，将教学目标定位于掌握全息化信息源与新媒体检索技术、提高学生创新能力。西藏民族大学图书馆文献检索课教师在讲授检索方法和构建检索策略时，着眼于知识的融会贯通和思维方式的开放灵活，强调信息源的多元化和全息化，强调检索方法的通用性和不同检索工具的特殊性——比如，在鼓励学生以查全率为衡量检索效果的主要指标时，多选择常用的全文关键词检索，但要求他们要充分考虑某一概念的同义词、近义词、相关词等不同表达方式，从而培养学生思维方式的开阔、深入和全面。同时，还通过组织微视频、摄影、朗诵、英语口语大赛等素养竞赛活动，全面提升了学生的学习能力、创新能力和团队协作能力，从而为他们适应社会做好充分准备。

其二，分科培养是西藏高校图书馆信息素养教育的一个新导向。西藏农牧学院图书馆根据学校专业设置和学科发展，确立文献检索课教学以科技文献检索为主。西藏大学图书馆开展"请进来"活动，分别邀请不同学院的一线教师走进该校图书馆，直观了解该校图书馆不同专业资源的使用方法，开设专题讲座，并逐步将这一活动的覆盖面扩大到该校各学院的学生之中。西藏民族大学图书馆针对不同毕业方向的大学生，组织了考研、就业等不同主题的系列讲座，并分别在医学院、管理学院、民族研究院采用嵌入式教学方法，有针对性地开展信息素养教育，在案例讲解、数据库操作等教学过程中更注重检索技巧与专业知识的有效融合。学生综合素养培养和个人发展需求成为各馆信息素养教育的关注点。

其三，西藏高校图书馆课堂教学仍是以"教师授课为主、学生上机为辅"，不能很好地调动学生学习的热情，课堂氛围沉闷。通过访谈了解到，西藏大学和西藏民族大学的文献检索课教师都有采用MOOC、翻转课堂改进教学的初步设想，但至今都没有进行教学实践。西藏民族大学图书馆的教师在教学中曾做过"以问题为导向的学习"教学法的尝试，尽管成效显著，但由于整体教学计划规范性和标准化的缺失，这种改进也只是个人的短期行为。

（二）存在的主要问题

综合分析以上调研内容可知，西藏高校图书馆普遍重视信息素养教育，信息检索课程已经普遍在西藏高校人才培养方案中有所设置，全媒体环境下新型教育方式有了初步发展。但随着媒介与信息环境的变化，由此衍生的问题也随之出现，主要表现如下。

1. 教学工作不规范

自教育部 2002 年印发《普通高等学校图书馆规程（修订）》以来，国家以部级文件形式把信息素养教育的重任交给了高校图书馆，现已历时 18 年。但西藏各高校图书馆都没有成立专门的教研室开展信息素养教育。虽然西藏民族大学图书馆开展这项工作的时间比较长，但由于缺乏统一的管理机构，教材、教学内容、教学方式、考核方法等都由兼职承担教学任务的图书馆馆员自己决定，致使文献检索课的教学质量无法保证。

2. 教师的专业素质参差不齐

西藏民族大学承担文献检索课教学的都是该校图书馆的中青年骨干，6人中有5人具有硕士学历，3人为图书馆学专业研究生，另外3人为计算机专业，基本可以较好地完成教学任务。存在的主要问题是非图书馆学专业的教师在文献检索基本知识和技巧的掌握上还有所欠缺，对于一些基础理论知识掌握不够。

3. 学生基础信息素养较差

据统计，2003—2018年，西藏民族大学每年的新生都在2000人以上，而每年选修文献检索课的学生只有300人左右，报名最多的是2007年，只有781人，但考核合格的仅有514人。由于缺乏对信息资源检索的正确认识，2007—2018年选课人数呈递减趋势，2008年之后还多次出现了因选课人数过少无法开课的现象。大学生信息意识普遍较差，有80%以上的学生没有浏览过该校图书馆网站，除了借阅纸质图书，对电子信息资源知之甚少，更不知道该校图书馆能提供什么样的信息服务。网络为大学生获取资源提供了十分便捷的平台，但也造成了他们对通用搜索引擎的依赖。"有问题，找百度"是大学生中存在的普遍现象，即使是查找学术信息，他们也很少想到利用高校图书馆的数据库，对检索知识和技巧的掌握几乎为零。

4. 综合素养培养较为欠缺

当代西藏大学生的信息素养不仅要包含信息检索和获取能力，还必须包含在复杂信息环境中的批判性思维和对破坏性信息的排除能力，包含对不同信息载体（如PPT、视频、音频、照片、影像、文献管理软件）的处理能力。应该看到，将媒介素养、数字素养、信息与通信技术素养、听觉素养、视觉素养、阅读素养、法律素养等内容融入信息素养教育，培养大学生合理利用不同媒介和信息促进个人发展与社会和谐是西藏社会发展的必然要求,但当前西藏高校图书馆的信息素养教育普遍缺乏这些内容。

5. 信息素养教育课程通识性有待强化

通过调研发现,虽然西藏大学、西藏民族大学、西藏农牧学院和西藏职业技术学院等四所高校图书馆开设了文献检索课,但只有西藏民族大学和西藏职业技术学院将课程纳入了所在高校的通识教育课程体系,而且由于模式固化、大学生认识不足等原因导致课堂教学不能正常开展甚至断裂。分析发现,大学生信息意识不强、以获得学分为选修目的是造成这种局面的主要原因,模式化的数据库培训不能有效地实现信息素养的系统培养也是重要因素。由于经济、环境等条件的限制,当前,在西藏高校,课堂教学仍是教师帮助学生将信息素养相关知识与专业知识进行融合的有力平台。从调研情况来看,西藏高校图书馆信息素养教育的系统性和通识性都有待加强。

6. 新媒体素养教育没有普及

当代西藏大学生在大众媒介普及的环境中长大,新媒体的盛行使他们获取信息的渠道不再仅仅局限于实体或虚拟的西藏高校图书馆。信息素养教育要考虑大学生信息行为习惯的改变,同时也要兼顾地域、语言、宗教、民族心理、文化习俗等的差异,综合考虑数字鸿沟的存在,在西藏高校图书馆工作和信息素养教育实践的基础上,改进课程体系和教学方法,尽可能普及基于网络或移动服务的新媒体教育方式,有效增强师生互动和资源共享,实现教学与实践的紧密结合。据调研,在西藏高校,微博、微信、在线课堂等新媒体教育平台没有被广泛应用,西藏高校图书馆在这一点上显然是欠缺的。

7. 教学方法和内容有待改进

从整体来看,西藏高校图书馆信息素养教育起步较晚、随意性强,教学内容和教学方法较为传统,形式单一,有些馆还处于教学的尝试状态,授课内容、方法、教材、考核方式等都由承担课程的图书馆馆员自己决定。一般来讲，信息素养教育研究应当从跨学科的视角出发，积极融入元素养理念，科学构建学科体系，改进授课方式，提高学生学习热情。同时还要规范教学，并创新图书馆服务工作，推动素养教育与服务实践的有效融合，通过服务引导学生主动参与信息过程、提升信息综合处理能力。

（三）信息素养教育发展的建议

第一，教学工作规范化是教学质量的重要保证。应该设立正式的管理机构（教研室或教研组），严格规范并统筹规划文献检索课教学，对教学对象、教材、教学内容、教学方法及考核方式设立具体的规范标准。应以公共必修课的方式扩大信息素养教育的普及面，使每一位在校生在毕业前都能够树立正确的信息意识、掌握必要的信息检索知识。对某些专业有必要以专业必修课的方式强化学生对专业文献信息资源特征、价值和检索技能的掌握，提高他们的文献综述能力，使其将来能更好地在科技创新和专业实践中发挥应有的作用。

第二，强化教师专业素质培养，及时更新知识储备。承担信息素养教学任务的教师要掌握文献学、图书馆学、情报学基础知识，并结合一定的专业知识背景完成教学任务。要通过各种途径，加强为承担信息素养教学工作的教师提供培训、学术交流和继续教育的机会，使之不断优化自身的知识结构，提高业务水平。结合目前的学科服务工作，可以由学科馆员承担不同专业的文献检索教学任务，将特定的专业资源与特定的信息用户联系起来，激发用户潜在的信息需求和创新能力。通过深层次的知识服务，学科馆员也能更快地掌握最先进的信息检索技术和最前沿的科学信息，不断提高自身素质，保证教学质量。

第三，融入元素养培养理念，改进课程体系。信息素养教育研究经历了由传统信息素养教育到数字化信息素养教育的发展，其内容也从单纯的讲授信息检索的方法与技巧发展到培养数据素养、媒体素养、视觉素养等新时代信息素养能力。西藏大学生的信息素养水平直接关系着个人和社会的发展，在"文化兴藏、文化强藏、文化治藏、文化稳藏"的战略背景下，西藏高校图书馆应以信息素养为核心，兼容其他素养因素，以培养大学生媒介信息解读能力、多媒体信息检索技能、信息组织应用能力为基本目标，重新构建信息素养教育课程体系。

第四，有针对性地分层次开展信息素养教育。西藏高校信息用户的基础信息水平参差不齐，西藏高校图书馆的信息素养教育工作应该在强调信息意识、信息法律的基础上有意识、有针对性地分层次开展——对新生，应加强图书馆资源、服务的推送，引导初入校门的他们更好地了解和利用图书馆；对本科生，应根据区内、区外生源做不同深度的文献检索培训，通过公选课、专业必修课（或选修课）、专题讲座的形式分层次开展；对研究生，除了要求基本检索方法的掌握，还要根据其研究方向做中外文专业数据库的检索培训；对中青年教师，培训内容应以本地资源和文献传递服务的介绍为主；对年龄较大的专家学者，应考虑其对现代检索技术的生疏，以代查代检服务为主。

第五，具体到教学实践，应合理安排理论讲解与实践的比例。为了更好地提高大学生的学习兴趣，应改进传统的授课方式——适当减少理论讲解的课时，引进"以问题为导向的学习"（PBL，即 Problem-Based Learning）教学法，让学生在解决问题的过程中掌握文献检索的基本知识；适当增大实践课时的比例，不仅要使学生熟悉常用数据库，更重要的是要让他们掌握课题设计、检索策略的制定与调整等基本技巧。

第六，搭建多样化信息素养教育平台，使学生多途径接触图书馆的资源和服务。应针对西藏高校信息用户的特点，搭建易于交流互动的信息素养教育平台，通过多样化的方式和渠道为学生提供有价值的资源和服务——比如，在图书馆主页为"开放存取"资源、各学科专业搜索引擎等建立链接，引导学生了解使用网络学术资源；开通图书馆微博、微信平台，及时反映图书馆的资源与服务；制作简单易懂的教学PPT，通过直观学习，使没有受过专门教育的学生了解基本的检索知识、方法以及资源概况；通过检索实例演示，使学生体会专业检索知识的检索效果。

在全媒体时代，具备良好的信息素养是个人发展的基础。西藏高校要不断深化教学改革，开拓创新，加强大学生的信息素养教育，规范其信息行为，使他们树立正确的信息观，拥有正确的信息道德意识和信息法律意识，具备良好的知识发现、收集、整理和创新的能力。

二　文献检索课教学方法改革

"以问题为导向的学习"是一种以问题为核心，以解答问题为驱动力，以分组阐述、展示、讨论及相互交流为手段，激发学生积极主动自学、培养学生创新思维为目标的教学模式。相比传统教学方法，"以问题为导向的学习"教学法以学生为主体，以问题为中心，使学生在思考和寻找答案过程中培养独立学习和解决问题的能力。它突破了传统教学的那种以教师为主体，教师强制性传输知识、学生被动性接受知识的单向信息输出模式的局限，有利于发展学生高层次的思维能力、团队协作能力，因而更适合目前素质教育的要求。"以问题为导向的学习"教学模式更加强调将问题作为对学生的引导，使得他们通过自主学习来理解或解决所提出的问题，并在解决问题的过程中掌握解决问题的方法。因其问题的针对性较强，国内理工类高校在理工科专业教学中积极探索了这种教学模式，很多医学类高校的医学文献检索课也尝试应用这种方法，并取得了较好的效果。针对西藏高校学生信息素养水平较低、缺乏学习主动性等特点，本书尝试将"以问题为导向的学习"教学法与文献检索课教学相结合，以激发学生学习积极性，引导学生主动进行理论与实践相结合的思考，提高学生独立解决问题的能力。

（一）西藏高校文献信息检索教学概况

在西藏七所高校中，西藏大学、西藏农牧学院、西藏职业技术学院和西藏民族大学的图书馆正式开展了文献检索课的教学工作。

西藏大学图书馆和现代教育技术中心从2003年开始采取嵌入式教育方式开设文献检索课，每学年在3—4个学院有针对性地开课，并结合实际工作走访学校师生，征集读者需求，定期开展"图书馆服务功能使用"讲座。

西藏农牧学院图书馆和西藏藏医学院图书馆为帮助学校师生熟悉并利用图书馆各种资源的检索与使用方法、技巧，也开展了不同形式的读者培训会。

西藏民族大学图书馆自1989年起，在全院范围内以公选课的方式正式开设文献检索课。自2000年起，还在医学院以嵌入方式不定期开设医学文献检索讲座，每期4—6个课时，主要针对区内生源普及医学文献检索基本理念和知识，以信息意识培养和常用数据库培训为主要内容。此外，该馆还针对毕业生在各二级学院开设文献检索专门知识和毕业论文写作讲座。自2012年起又为硕士研究生开设专业选修课，目前每学年在医学院针对医学文献信息资源检索对研一硕士生开设34个课时的讲座，通过理论讲解、数据库操作、上机实习等多样化授课方式培养学生的信息素养，取得了良好的成果。同时，该馆还定期或不定期开展形式多样的读者培训、专题讲座类活动，如：每年针对新生进行的全覆盖的入馆培训；针对教师特定需求制订培训计划；面向附属医院与医学院开展医学类文献信息检索的专题培训；

针对全校师生定期开展内容丰富的专题培训等。

(二) 传统授课方式存在的问题

西藏高校文献检索课大都采用传统"灌输式"教学模式，教学效果存在着一些突出问题。

1. 学生欠缺信息意识

总体上看，西藏生源的大学生基础信息素质不高，没有积极主动的信息意识，绝大多数大学生解决问题的途径是百度和谷歌，他们不了解图书馆的资源和服务，不了解数字资源的可见与不可见之分。

2. 检索知识的欠缺

即使是利用网络搜索引擎，绝大多数大学生都只是在检索框中输入一个简单的词就完成检索。对于检索语言、检索技术的基础知识几乎没有掌握。这样的检索方式造成检索结果的庞杂无序，筛选有效信息非常困难。

3. 对于学术资源的生疏

大学生不了解网络通用搜索引擎只能提供常识和知识性的信息，不了解本专业有哪些常用的数据库、专业搜索引擎和"开放存取"资源。几乎不知道检索技术的恰当应用可以得到专指性较强的检索结果。

4. 常规教学方法对学生吸引力不强

传统的理论讲座和上机实践相分离的教学方法不能很好地吸引大学生。文献学、图书馆学基础知识和检索知识是做好信息资源检索与利用的基础，但这部分内容相对来说比较枯燥，传统的授课方式不能吸引学生。数据库利用讲解与上机实践的分阶段进行，造成多数大学生只是应付和抄袭完成作业，并没有真正了解检索工具的特点，也不能很好地掌握检索方法。

(三) "以问题为导向的学习"教学法在文献检索教学中的运用

在西藏七所高校中，西藏民族大学的文献检索课和信息素养教育比较正规和完善，该校的文献检索课在教学中做了"以问题为导向的学习"教学法的尝试。该校教师利用两学期的时间，在课程中实施"以问题为导向的学习"教学法，对学生学习成绩和检索意识的影响进行观察，对"以问题为导向的学习"教学法的可行性进行了评估。

1. 研究对象

以西藏民族大学 2012 年第一学期和 2013 年第一学期的文献检索课各两个班（共 240 名大学生）为研究对象。每学年第一学期的选课学生以大三、大四年级为主，该组大学生基本完成了本专业基础课程的学习，具有一定的学科背景。部分大学生面临硕士研究生入学考试和撰写毕业论文，对文献信息检索知识有主动需求。

2. 对比研究

2013 年的两个班级 120 人为"以问题为导向的学习组"（以下简称 PBL 组），2012 年的两个班级 120 人为对照组。进入这两个组的人数相同，这些大学生来自在学院选课系统中自选文献检索课的全院大学生，具有随机性。在性别、民族、年龄、基础信息素质方面没有显著差异。两个组都没有指定专门教材，授课内容相同：理论讲解、检索系统操作演示、上机实践等内容分阶段循序渐进。对照组采用传统教学方法：以教师课前备课，课堂讲授为主，这些大学生通过课后作业和期末考核实践所学知识，检验学习成绩；PBL 组采取以问题为导向的教学方法，不论理论知识还是检索实践，皆以"提问在先，讲解在后"的模式授课。

3. 教学模式设计

（1）传统教学模式

对照组采用传统教学模式。授课内容分为信息意识、信息检索基本知识、数据库三部分。以教师课前备课，课堂讲解基础理论、检索知识和技巧、数据库检索方法为主，通过 PPT 讲授和上机实践的顺序分阶段讲解，通过完成作业和考试检验教学效果。

(2)"以问题为导向的学习"教学模式

文献检索课的教学目的是培养大学生的信息意识、资源获取能力，要求他们掌握信息资源检索的基本技巧，最终要能够合理利用文献信息资源解决问题。每部分内容在授课之前提出问题，由大学生以组为单位通过合作分析、解决问题。在解决问题的过程中他们会有意识地去学习掌握必要的知识和技能，根据已知材料探讨问题、找到解决的办法并进一步拓展延伸问题，从而强化他们的学习积极性，引导大学生增强其自主学习能力。

问题的提出集中在讲解之前。在 PBL 组的第一堂课要求大学生分小组按他们自己的想法自主选题并作课题设计，并在第二次上课时由小组代表上台讲解。在一学期完整的学习过程中可以不断修正这个课题设计，期末仍以同样的课题设计由小组代表做讲解。同样的选题，但结果差异巨大。

在理论讲解部分，问题设计强调典型和针对性，问题解答强调课堂演示与大学生参与相结合。比如提出"通用搜索引擎能给你多大的帮助？"利用网络搜索引擎和数据库分别对同一条经过"同行评议"的学术资源进行检索，通过 PPT 或实际检索演示让他们看到不同的结果（原文是否可以获取），从而改变他们的检索习惯。在文献类型讲解中，先给出一些文献线索要求他们分组讨论，然后就这些题目逐个讲解各类文献特征和文献类型判断依据，并将搜索引擎补全文献信息的功能和原理、参考文献标准著录格式结合进来，通过这种方式，使大学生有效掌握多个知识点。

在资源讲解部分，按照检索工具类型分类讲解，各类检索系统强调其功能和对学术研究的辅助作用。在每一类数据库讲解的前一节课布置作业，要求他们提前实践，在授课过程中带着问题进行讨论和讲解，在解决问题的过程中穿插基本检索知识的实际应用。在实践课分小组讨论解决方法，并由小组代表上台演示。让大学生自主探索检索中应该用到的知识和技巧。

4. PBL组与对照组的教学效果评价

（1）评价方式

两个组的教学效果评价采取指标评价和主观评价相结合的方法。西藏民族大学的文献检索课是考查课，最后是否合格由考勤、平时作业成绩、期末考核成绩综合决定。平时作业均为三次，期末考核为开卷考试，由大学生根据所学专业选题，并做出完整的课题设计。作业和期末考核均为百分制。考勤按实际出勤率计算。主观评价仍采用开课时的课堂调查方式，问题基本相同。

（2）教学成果的评价

表5-1　　　　　　　　　教学成果对照表

组别	考勤（%）	平时作业成绩	期末成绩	课程合格率（%）
对照组	75	65	67	91.7
PBL组	90	71	82	96.7

注：表1中的数据为每个组的平均数据。

表5-1的数据显示，PBL组在三个考核指标的得分都优于对照组。

表5-2　　　　　　　　PBL组主观评价调查结果

是否关注图书馆主页（%）		来图书馆的目的（%）		信息资源获取途径（%）	
是	否	自习、借阅	查询数据库	网络搜索引擎	图书馆资源
83	17	70	30	56	44

注：表5-2数据为PBL组结课后在信息意识方面的课堂调查。

在对照组课堂调查中，仅有10%的大学生比较关注图书馆主页，能有意识利用数据库查询信息的学生也仅占8%。而表5-2数据显示,通过"以问题为导向的学习"教学法,大学生信息意识有很大提高,图书馆资源利用率有显著上升。

通过对比分析并结合课堂观察,最终的结论是:PBL组的课堂气氛更加活跃,大学生的参与性更强。这种教学方法也更能引起大学生的学习兴趣,在学习主动性、检索知识的理解接受、检索能力的提高等方面明显优于对照组。传统教学法以教师讲解为主,"以问题为导向的学习"教学法则强调大学生的实践操作和思考,潜移默化中提高了他们的信息意识、改变了其检索习惯、培养了他们的自主学习能力,使其终身教育受益匪浅。

(四) 文献检索课教学改革建议

通过对比分析,证明将"以问题为导向的学习"教学法引进文献检索课的教学具备可行性。

西藏高校图书馆的信息用户基础信息素养水平及信息需求层次差别较大,文献检索课教学要强调学习兴趣的培养和学习方法的引导。"以问题为导向的学习"教学法以问题为导向,提出问题在先,要求大学生课前实践,在课堂中带着问题讨论,再讲解相关知识,针对问题解决问题,使他们能够更好地理解接受在理论层面上较为枯燥的检索知识,也促使其主动思考、积极实施检索策略;通过小组合作,也有利于团队合作精神的培养。由于西藏高校生源复杂,应针对大学生层次做不同的学科样本分析,为分层教学提供依据。

"以问题为导向的学习"教学法在西藏民族大学文献检索课教学中的应用初见成效,但要进一步验证其优势还需要大样本的研究,以此找出影响教学的不利因素,针对不同学科的研究特点来做出有效的问题设计。

第六章

图书馆服务创新实践
——以西藏民族大学为例

西藏民族大学图书馆始建于 1958 年，是西藏高校中第二个建成的图书馆。该馆馆藏以藏学等为重点，经过多年积累，形成了涵盖文、理、经、管、法、医等多学科，多样载体文献资源并存的综合性藏书体系。近年来，该校图书馆不断引进新理念，创新服务模式，为读者提供外借、阅览、参考咨询、文献检索、课题跟踪、科技查新、馆际互借、文献传递、文献复制、读者教育等多样化、多层次的服务。随着信息技术的发展，西藏民族大学图书馆的全媒体信息服务也有了初步发展，多媒体、Web2.0 技术等的加入，进一步促进了信息服务方式的多元化。经过 60 多年的发展，西藏民族大学图书馆的资源建设、服务创新初见成效，对区内其他高校图书馆的发展有良好的借鉴意义。

一 重点学科文献资源建设优化策略

重点学科是高校办学特色、学科优势和科研水平的主要标志，体现着学校的核心竞争力，也是学校长远发展的动力。高校图书馆作为高校的信息中心，承担着为学校教学和科研活动提供信息支撑的职责，必须能够为重点学科的发展提供较为完善和系统的文献资源保障。高校的重点学科，有国家级重点学科、省部级重点学科和校级重点学科之分。构建重点学科文献资源保障体系，必须明确各级重点学科文献保障标准，掌握本校重点学科的结构和特点，深入了解本校重点学科和特色专业的教学和科研状况，分析文献需求，确定重点学科文献资源的收藏计划和目标，适时调整文献资源体系的结构。

西藏民族大学是全国成立最早的民族高校之一，学校的学科建设和科研活动始终以西藏经济社会发展和长治久安为中心，具有浓郁的西藏地方民族特色。学校现有民族学、中国语言文学、基础医学和中国史4个硕士一级学科，3个硕士专业学位授权点。国家特色专业建设点2个，国家级专业综合改革试点项目1个，省部级重点学科11个，国家民委重点建设学科1个，自治区级特色专业4个，自治区级专业综合改革试点项目3个。近年来，随着科研活动的发展，该校组建了西藏文化传承发展协同创新中心、西藏哲学社会科学重点研究基地、南亚研究所、旅游研究所等科研实体，其中国家民委哲学社会科学重点研究基地2个，西藏自治区教育厅哲学社会科学重点研究基地1个，西藏自治区重点实验室2个，校级科研平台8个。西藏民族大学图书馆始终围绕学校重点学科的发展，以藏学等为核心构建的馆藏资源体系为学校的教学和科研活动提供了基本的文献资源保障，但在重点学科文献资源建设工作中，仍然存在着突出问题。

（一）西藏民族大学图书馆藏学文献资源馆藏现状

西藏民族大学图书馆藏学文献资源馆藏包括实体资源、虚拟资源和合作资源三种类型。

实体资源——纸质文献资源主要采购方式包括现采、零购、捐赠、呈缴（本校专家学者作品及毕业生学位论文的提交）等，截止到2016年12月7日，在该校图书馆已入库纸质文献中，与藏学等研究相关的各类图书共计58220册，包括藏文图书27243册，汉文图书30759册，英文图书218册。纸质期刊、报纸订购250余种，一些重点报刊如《西藏日报》汉文版可回溯至1958年，藏文版可回溯至1956年，是非常珍贵的学术资源。因学校的民族性特征，该校硕士学位论文内容多涉及藏学或民族学研究，目前收藏的955册本校硕士学位论文中有730册与藏学研究相关。2015年4月，西藏民族大学南亚研究所成立，基于习近平总书记提出的"治国必治边，治边先稳藏"战略思想和中央确定的"一带一路"战略，确定中国西藏与南亚国家政治与外交关系、经济关系、文化关系及西藏对南亚国家的传播研究为主要研究任务。据统计，目前国内及港台地区正式出版的中文南亚研究相关专著约有3200余种，其中关于印度的文献约2300余种，占总数的70%，南亚专题研究资料占10%，其他如巴基斯坦、尼泊尔、斯里兰卡、马尔代夫、孟加拉国、不丹、锡金等合计占总数的20%。其中2013年之后出版的专著约500余种，占总数的16%，年平均出版150余种，这与习近平总书记于2013年首倡"一带一路"战略密切相关。这部分文献因过去购书经费有限及对藏学研究地理区域理解的局限性，该校图书馆在2015年12月之前仅收藏有159种，缺藏率达96%。随着国家"一带一路"战略的不断推进，西藏民族大学图书馆开始关注"一带一路"和南亚研究相关文献资源的建设和开发，基于重点学科文献资源建设完整性、系统性和动态性原则，通过比对国家图书馆馆藏数据，陆续通过多种渠道补订缺藏图书，并初步取得了一定成果，在2017年基本完成这部分文献的查漏补缺工作，今后的采购工作也将延续重点学科文献收藏的完整性原则。

　　虚拟资源主要指各类可以通过网络使用的电子信息资源。近年来，西藏民族大学图书馆大力加强网络化和数字化文献资源建设，采取引进数据库和自建数据库相结合的方式，逐步形成了合理的数字化文献信息资源体系。先后购买各类数据库40余个，其中外文库5个，内容已基本涵盖该校所有学科专业，其类型以全文数据库为主，包含期刊、图书、报纸、会议论文、学位论文、多媒体资源等各类能及时反映最新学术成果的电子信息资源，基本保证了重点学科教学和科研活动所需学术信息内容。为加强重点学科文献资源的利用与开发，该校图书馆以馆藏特色资源为基础，自建了"藏学图书全文数据库""藏学专题全文数据库""藏学多媒体资源数据库""少数民族古籍数据库""学者文库""学位论文数据库"等多种类特色资源，包含全文藏学电子书9889种（其中藏文电子图书1520种），期刊论文107692篇，学位论文1298篇，西藏视频302条，西藏图片531条，西藏音频465条，学者文库199条，网页资料50652条。这些资源集中反映了当前国内藏学等学科的科研成果和学术前沿动态，利于研究者对藏学文献资源的深度开发利用。

合作资源以可共享的外部资源为主。高校图书馆多以共享资源作为本地资源的三级保障，西藏民族大学图书馆通过多种方式拓宽资源共享渠道，已先后加入陕西高校图书馆馆际互借系统、中国高校人文社会科学文献中心（CASHL）、中国高等教育文献保障系统（CALIS）、大学数字图书馆国际合作计划（CADAL），签订合作协议，开展文献传递与馆际互借服务。2001年以来，全国先后有九所高校为西藏民族大学提供了对口支援服务，各高校出版社15年来共计捐赠图书196284册，价值5140205.00元，九所高校图书馆也通过VPN等方式提供了资源共享服务。该校图书馆借助对口支援高校的信息资源优势、人才优势、技术优势，在文献资源建设、科研学术交流、业务技术交流等方面获得了较大帮助，缓解了该校图书馆文献资源建设压力，提高了整体建设水平。

（二）西藏民族大学图书馆藏学文献资源建设存在的问题

尽管目前馆内藏学文献资源在一定程度上满足了读者的信息需求，但随着重点学科教学与科研工作的发展，文献资源建设工作存在的问题也日益突出。

第一，藏学文献资源馆藏体系结构不够合理。

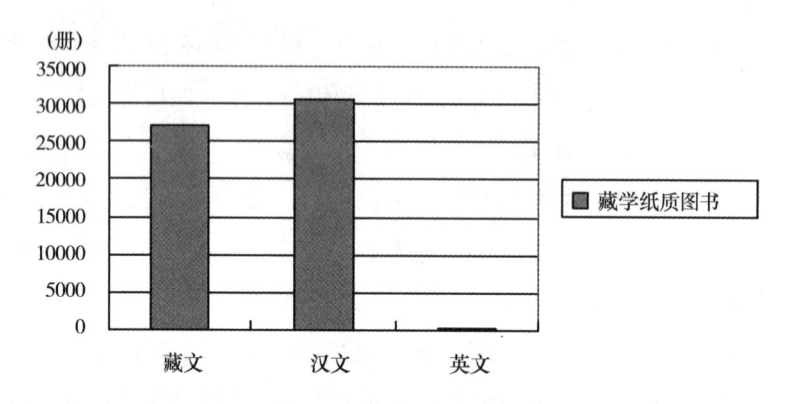

图 6-1 西藏民族大学图书馆藏学纸质图书柱状图

从图 6-1 可以看出，该校藏学图书收藏总量充足，但外文资源有限。纸质图书中藏文图书占 46.8%，汉文图书占 52.8%，而英文图书仅占 0.4%。从学科结构分析，自然科学类藏学图书收藏不足，表 6-1 中 N-X 类图书合计 4495 册，只占总量的 7.7%。

表 6-1　　西藏民族大学图书馆藏学图书分类统计表

类别	藏文 种数	藏文 册数	汉文 种数	汉文 册数	外文 种数	外文 册数
A	143	2032	21	71	0	0
B	1382	6680	1315	5121	10	26
C	56	251	205	626	0	0
D	468	1840	724	2435	9	22
E	14	49	7	426	0	21
F	33	123	439	1339	1	3
G	129	535	321	911	1	2
H	418	3115	261	1004	1	4
I	933	5736	1243	5170	6	17
J	146	403	347	1021	3	8
K	495	2523	2699	11295	30	97
N	117	727	42	157	0	0

续表

类别	藏文 种数	藏文 册数	汉文 种数	汉文 册数	外文 种数	外文 册数
O	8	68	1	2	0	0
P	77	477	46	133	1	13
Q	11	123	50	112	0	0
R	396	1765	102	342	1	1
S	58	272	45	117	0	0
T	21	87	64	171	1	1
U	0	0	5	6	0	0
V	0	0	0	0	0	0
X	3	11	25	64	1	3
Z	91	426	68	236	0	0

此外，纸质期刊报纸收藏品种丰富，但没有相关外文期刊订购，多种期刊也没有连续订购，缺期较多。电子信息资源依赖综合性数据库和自建特色数据库，造成资源结构的很大缺陷。

第二，部分重点学科文献资源存在严重漏藏、缺藏现象。

由于采购人员学科素养的局限性，忽略分支学科或跨学科研究资源的采集，一些出版年代较早的纸质文献已无法获取原版文献。在收集整理的南亚纸质图书资料中，1980年以前出版的文献占19%，最早的文献出版于光绪年间，这些文献很难收集齐全，只能以复制件的形式尽力收集。一些重要的电子信息资源，如中国社会科学院亚太与全球战略研究院建成的《亚太地区自由贸易协定数据库》《2000—2013年中国周边贸易环境监测指数》，四川大学南亚研究所建成的《南亚研究季刊数据库》《南亚所师生研究成果库》《国际关系研究期刊数据库》《国际关系及南亚研究图书资料库》等既没有引进，也没有与相关机构建立合作共享机制。

第三，藏文文献的开发利用率极低，未能对资源利用进行客观评价，重点学科文献资源的深度揭示与开发利用急需加强。

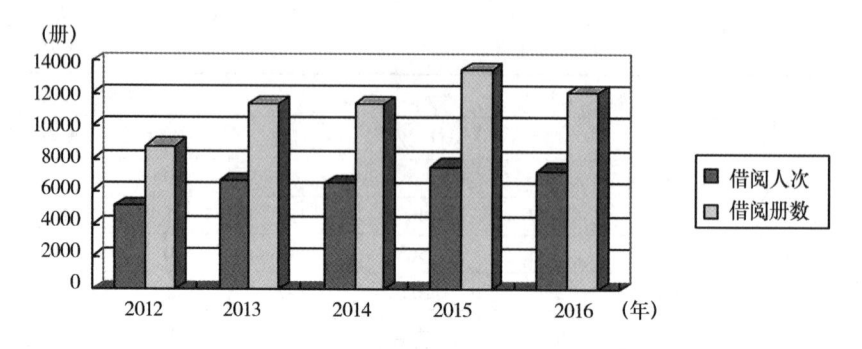

图 6-2　2012—2016 年西藏民族大学图书馆藏学图书借阅量统计

文献的读者利用率是衡量文献采访工作质量的重要指标，图 6-2 中 2012—2016 年西藏民族大学图书馆馆藏藏学纸质图书年度借阅人次和借阅册数呈逐年上升状态，但 2013—2016 年增长幅度较小，2016 年还有所下降。与学校藏学研究发展趋势相比，差别不大的增长幅度从另一个角度也说明目前馆藏藏学文献资源没有充分发挥应有的资源保障作用。由于语言障碍的因素，藏文文献利用率不高，这部分文献亟待深度开发。由于没有建立完善的资源评价体系，现有采访机制没有随着重点学科的发展及时调整，藏学文献资源建设能够满足传统的教学和科研活动，但随着学科交叉融合而大量出现的新的文献需求并没有从这些文献中获得满足。

第四，缺乏区域联盟合作，造成联盟内重点学科文献资源布局和结构不尽合理。

根据西藏高校图书馆联盟的协商结果，西藏高校图书馆藏学文献资源建设本应各有侧重，比如，西藏大学图书馆侧重藏文相关文献的完整收藏，西藏民族大学图书馆侧重汉文藏学文献的完整收藏，其他几所高校图书馆侧重各自学校的专业特色，通过区域联盟合作构建完整的藏学文献资源保障体系。但在实际工作中，联盟各成员馆资源重复订购现象仍然比较严重，重点文献资源种类单一，藏学文献资源馆藏以纸质图书、学位论文和各类电子信息资源为主，缺乏重要的实物、文字、录音和影像资料等多类型资源收藏，实体馆藏和虚拟资源都缺乏外文文献收藏。

第五，重点学科的发展对图书馆资源建设提出了新的要求。

"藏学"（Tibetology）概念泛指有关藏族文化的学问，不强调它的独立学科地位。藏学本身具备了跨学科、交叉学科的特性，与之相对应的藏学文献资源在学科范畴上具备着结构松散的特征。藏学作为一个不断发展的学科，也具备开放性和动态性特征。2016年8月在北京召开的第六届北京（国际）藏学研讨会，有19个专题研讨围绕中国"一带一路"战略对西藏可持续性发展等专题进行讨论，既有国际视域下的南亚文化通道建设方面的大文化探讨，又有专项的贝叶经研究、宗教文献研究等立足文化本身的内部结构和特色研究，充分显现出当代藏学研究的跨学科、跨区域、跨文化和跨国界的发展趋势。而作为一所高校的重点学科，藏学也从分散的个体研究逐渐发展成有规模、有组织的团队式研究，自2011年至今，西藏民族大学相继成立了西藏当代文学研究中心、西藏社会经济与文化发展研究基地、西藏社会和谐稳定与法治建设重点研究基地、西藏光信息处理与可视化技术重点实验室、西藏文化传承发展协同创新中心，藏学研究内容延续传统的藏族文化研究并扩展到与西藏相关的各个领域，藏学地域研究也从单纯的国内藏区研究扩展到环喜马拉雅山区及西藏周边其他国家，并紧紧围绕西藏区域创新发展的重大需求，强调研究成果的社会效益和经济效益。重点学科发展的科学化和动态性对该校图书馆采购策略提出了更高的要求。

（三）重点学科文献资源体系的合理构成

重点学科专业建设是高校可持续发展的重心，重点学科文献资源体系则是高校图书馆文献资源建设的核心，应该是一个具备完整性、系统性和动态性特征的开放系统，随着学科的发展能够不断地输入新的信息内容，优化资源结构，强化文献资源保障功能。

因此，重点学科文献资源体系发展应以文献需求调研为基础，注重重点学科文献资源体系的开放性。学科建设本身具有不脱离实际的现实性、开放性，重点学科既要延续传统的研究内容，也要与现代各学科交叉而形成新的研究领域。高校图书馆要保障重点学科教学和科研活动的文献需求，应以学科为导向开展文献资源建设工作，定期对重点学科文献需求进行调研分析，及时调整文献资源建设机制，对相关学科文献资源进行查漏补缺，开辟多种途径和方法开展文献资源建设。从宏观层面来讲，应注重资源的开放性、完整性，从微观层面来讲，应注重资源的动态性和特殊性，进一步促进文献资源建设的学科化趋势，使重点学科文献资源体系保持旺盛的生命力，具备与学科发展相匹配的可持续发展特征。

出于满足不同层次用户需求的目标，还应注重重点学科文献资源体系纵向结构的合理性。在纵向结构上，文献资源通过不同文种、不同学科以及不同年代来反映学科的发展和融合。重点学科的发展涉及教学和科研两个层面，构建重点学科文献资源体系尤其要重视其纵向结构的合理性。既要保障教学工作和普通读者的基本需求，也要关注专家、学者的高层次需求；既要保障密切相关学科的文献需求，也要关注交叉学科、边缘学科的文献需求；既要保障汉文和民族文字文献的收藏，也要重视外文原版文献的收藏。尤其应注重电子信息资源整体结构的合理性，构建包含事实型数据库、全文数据库、文摘索引数据库的电子信息资源体系，满足科研工作不同阶段和深度的文献需求。

考虑到重点学科文献保障率要求，必须关注重点学科文献资源体系横向结构的优化。西藏民族大学在 2011 年成立的西藏光信息处理与可视化技术重点实验室，确立了光信息处理与西藏环境监测、科学可视化与西藏文化传承两个研究方向，在未来发展中，要重点关注地表植被、农作物以及冰雪覆盖变化的监测问题、西藏地区蝗灾遥感预警机制问题，拓展高光谱遥感与西藏地表监测方向。这些研究内容是随着近年来学科的交叉发展，以及高维空间信息与遥感影像处理、地理信息系统、图形图像处理与识别、光电检测方法及信号处理、传统建筑保护、光电子器件与微结构、藏学和非物质文化遗产、移动通信与无线通信技术等研究方向人才的批量引进逐步发展起来的，将对该校图书馆产生全新的文献需求。重点学科往往具有跨学科、交叉学科的特征，西藏民族大学图书馆应关注学科发展变化，重视学科间的相互融合，及时补充相关学科的文献资源，提高重点学科文献资源体系的保障能力。

（四）高校图书馆重点学科文献资源建设优化策略

学科建设的方向决定了文献资源建设的方向，并在宏观上指导着文献资源建设工作。高校图书馆应始终围绕本校的学科建设，以重点学科和文献需求发展为基础来开展文献资源建设工作。从改进资源建设机制、完善资源构成、科学评估资源质量等几方面优化重点学科文献资源建设，将进一步促进重点学科文献资源建设的学科化趋势。

高校图书馆文献资源建设机制的改进必定是以学科服务为导向的。西藏民族大学图书馆藏学文献以全面收藏为基本原则，采访馆员定期对核心出版社进行查漏补缺。但是，目前仍存在一些问题。一方面，随着"一带一路"战略、南亚大通道建设、环喜马拉雅经济合作带建设、孟中印缅经济走廊建设、"丝绸之路"研究等成为新的研究热点，藏学学科不断增加新的内容，科研成果不断涌现，许多出版社相继出版了重要的藏学文献系列。另一方面，采访馆员局限于个人学科素养，往往只选择带有"藏"字号的文献，而忽略了题名中不含"西藏""藏族"等关键词的文献，以及不同时期蒙藏、满藏、西夏的相关研究文献，前期对于南亚、中亚文献的忽略也给当前的查漏补缺工作造成了较大的困扰。鉴于此，开展全面深入的重点学科调研和文献需求调研是构建重点文献资源体系的首要工作。目前的多数高校图书馆都开展了学科服务工作，学科馆员与各个院系建立了常态化的紧密联系，负责学科资源的及时推送及读者需求的反馈传递。以学科馆员调研为主、以读者荐购数据为辅，采访馆员统筹资源采购工作是理想的重点学科文献资源建设模式。学科馆员有针对性地主动开展重点学科及文献需求调研，能更好地全面把握重点学科的发展规划，跟踪前沿文献需求，并及时将需求变化反馈给采访人员。开展读者荐购服务，使院系师生适度参与资源建设工作，对文献采访有一定的导向作用，有利于保障学科专业资源建设的广度和深度。采访馆员应负责梳理资源建设现状，掌握重点文献出版发行状况，分析学科馆员的调研资料和读者荐购数据，确定重点学科资源建设的目标和范围，制定规范化学科文献资源发展规划，并定期调整，开展有效的重点学科文献资源建设。

不论有怎样的技术条件和制度保障支撑，都没有一个图书馆能够凭一馆之力满足所有的文献需求，但较为完善的文献资源保障体系是能够满足绝大多数的用户需求的。对于高校图书馆来说，重点学科文献资源保障体系的构建尤为重要。在数字化环境下，高校图书馆多通过构建以纸质资源为基础、以数字资源为保证、以共享资源为补充的三级文献资源保障体系来为重点学科提供文献资源保障。除了要注重本地馆藏横向结构和纵向结构的合理构建，基于区域民族性、地域性的共性特征，往往区域图书馆联盟能更好地完善重点学科三级文献资源保障体系的有效性。藏学是西藏高校共同的重点学科，但各校又各有专业侧重，要用有限的经费尽可能满足无限的文献需求，以联盟为基础的"统筹规划、分工协作、开放共享"合作建设模式将能为重点学科的教学和科研活动提供更有针对性的文献资源保障。西藏民族大学的外文文献需求基本上是依靠文献传递服务满足的，据统计，2014年西藏民族大学图书馆利用中国高等教育文献保障系统（CALIS）文献传递服务对外发送服务请求130件，满足率87.69%；2015年西藏民族大学图书馆对外发送服务请求141件，满足率90.07%；2016年西藏民族大学图书馆对外发送服务请求97件，满足率91.75%。虽然数量不多，但满足率在逐步提升。尽管信息服务质量有所提高，但相对于共享体系庞大的资源基数，或与区外高校相比，统计数据也反映了对外部资源利用的有限性。要进一步完善重点学科三级文献资源保障体系，除了广辟共享渠道，促进合作，还要积极宣传推广资源共享服务，充分发挥各类共享资源对重点学科教学和科研工作的保障作用。

此外，合理构建重点学科资源体系的整体框架也是文献资源建设优化策略之一。西藏民族大学藏学文献资源建设，从纵向结构看，外文资源、开放资源、二次文献数据库建设仍有不足；从横向结构看，自然科学类跨学科及交叉学科文献有待补充。构建重点学科文献资源体系，应加强读者参与文献资源建设工作的深度和强度，除了常规的读者荐购，向重点学科教研室、研究机构呈现电子或纸质的多类型书目以供选择也可以增强读者需求的导向作用。适应读者电子阅读和碎片化阅读需求的增加，应适当提高电子信息资源的购买比例。应扩大重点学科信息建设范围，重视开放资源的推送和利用，将"开放存取"资源纳入数字资源建设计划，建设机构知识库收集本校专家学者的科研成果，提供网络"开放存取"资源导航，提供科研数据的保存、分享、挖掘服务。同时还要重视重点学科资源的宣传推广，定期整理与推送，与学科服务相结合提高重点学科文献资源的有效利用。

当然，想要真实了解重点学科文献资源体系的建设效果，构建科学的评价体系并有效开展评估工作是必不可少的环节。随着学校重点学科的发展，西藏民族大学图书馆藏学文献利用率呈稳步上升状态，藏学文献资源建设为藏学研究提供了有力的信息支撑。但目前还没有建立一套完善的评价体系来科学评价藏学文献资源保障状况，不利于有针对性地提出资源建设调整策略。馆藏评价可以衡量高校图书馆为学校教学、科研提供文献服务的能力，可以从另一个角度保障高校的科研水平。文献资源评估工作应以服务为根本、以资源为基础，建立合理的评价指标体系，定期开展规范化、制度化的资源质量评估工作，并以此为依据实施于重点学科资源建设，从文献数量、类别及比例、语种分布等方面优化资源结构，测定重点馆藏建设现状并找出问题，及时调整建设策略，增强重点馆藏与科研方向的匹配程度，提高各类资源的订阅价值。

二　学科化服务的实践与思考

学科服务是高校图书馆以用户为核心全面进行资源建设和帮助用户获取以知识为基础的信息资源的服务方式。在国外，高校图书馆学科服务定位以提高用户的信息能力为目标，逐步由传统的资源建设保障和参考咨询转移到嵌入教研过程的信息素质教育方面，强调将学科服务嵌入到教学科研的过程和用户的信息环境之中。在国内，清华大学1998年率先实行学科馆员制，随后国内一流大学竞相开展该项服务，经过二十多年的发展，在理论和实践方面都取得了一定的成果。2012年，初景利教授在《学科馆员对嵌入式学科服务的认知与解析》一文中提出"学科服务的嵌入主要体现在目标嵌入、功能嵌入、流程嵌入、系统嵌入、时空嵌入、能力嵌入、情感嵌入、协同嵌入"。[1]全面概括了学科服务以用户为中心的主动性、针对性和个性化特征，给西藏高校图书馆开展学科服务提供了借鉴与参考。

西藏高校图书馆经过长期的建设与发展，各图书馆开展了多样化的学科服务。

---

[1] 初景利：《学科馆员对嵌入式学科服务的认知与解析》，《图书情报研究》2012年第3期。

（一）西藏高校图书馆学科服务发展现状

学科服务是高校图书馆适应新的服务需求、深化服务变革、提升服务水平的一项重要举措。目前西藏高校图书馆的学科服务内容主要集中在信息服务深化、信息素养培训、文献传递服务这三方面。

1. 学科服务的开展概况

西藏部分高校图书馆根据本校专业设置和学科建设的实际需要，积极探索，使信息服务从被动服务转变为能够融入教学和科研工作之中的主动型、知识型、学科型服务。但多数馆目前还缺乏学科服务的制度规范，只是在实践中做了相关工作。在调查的西藏七所高校图书馆中，西藏民族大学图书馆在其主页"信息咨询"板块下有"参考咨询、学科服务、代查代检、定题服务、原文传递、馆际互借、信息推送、读者培训与情报教学"等明确内容。

西藏大学以"功能无限定、服务无边界"为理念，走外延拓展、内涵发展之路，把现代化、个性化作为发展的主线，设有藏学检索咨询室、信息服务中心，并开展特色服务、专题服务、定题服务、代查代检以及课题的可行性分析等服务工作。

西藏农牧学院图书馆围绕"丰富的资源配置、以人为本的服务"办馆理念，不断探索现代网络环境条件下新的服务模式，搭建图书馆与读者之间更加人性化的咨询方式，开展咨询台、电话、QQ、E-Mail等多种形式的咨询服务，为读者解决了在各种文献利用中遇到的问题。

2. 信息素养培训

在读者培训与情报教学方面，目前多数图书馆开展了这方面的工作。西藏民族大学图书馆自1989年起，在全院范围内开设文献检索与利用课；并定期或不定期开展形式多样的读者培训、专题讲座活动——如每年针对新生进行的全覆盖的入馆培训；针对教师需求制订培训计划；面向附属医院与医学院开展医学类文献信息检索的专题培训；针对学校研究生开展专题培训；针对毕业生开展毕业论文指导专题讲座等。

西藏大学图书馆和现代教育技术中心从2003年开始采取嵌入式教育方式开设文献检索课，每学年在各个学院有针对性地开课，并结合实际工作走访学校师生，征集读者需求，定期组织开展"图书馆服务功能使用"讲座。

西藏农牧学院图书馆和西藏藏医学院图书馆以不同形式的读者培训会帮助读者熟悉并利用图书馆的各种资源与服务。

3. 文献传递和馆际互借

自2011年8月，中国高等教育文献保障系统（CALIS）西藏自治区服务中心成立以后，所有成员馆都有条件利用中国高等教育文献保障系统（CALIS）、国家科技图书文献中心（NSTL）、上海图书馆、国家图书馆的资源为用户提供免费的文献传递和馆际互借服务。西藏大学与西藏民族大学图书馆在这一方面做了大量的宣传工作，取得一定成效。尤其是西藏民族大学图书馆，除了有效利用中国高等教育文献保障系统（CALIS）资源开展文献传递和馆际互借服务外，还利用中国高校人文社会科学文献中心（CASHL）、读秀数据库和超星资源发现系统的文献传递服务为广大师生提供了丰富的外部资源，并加入陕西高校图书馆馆际互借系统，为用户提供返还式馆际互借服务。

（二）西藏民族大学图书馆学科服务模式分析

西藏民族大学图书馆于2011年9月成立了学科服务团队，积极探索与实践学科馆员制度，并逐步形成了自己的学科服务模式，为西藏高校图书馆提升信息咨询服务做了有益的探索。

1. 学科服务模式

为了更好地配合学校的教学和科研工作，西藏民族大学图书馆以学科为单位指定若干馆员分别负责不同学科，兼职开展学科服务。在最初的发展阶段，服务的主要任务是建立学科联系；在网站上公布相关服务的内容、服务职责与联系方式；在服务中也为师生提供他们无法自主获取的信息资源；定期或不定期举办文献信息资源知识讲座；并要求学科馆员深入二级学院了解需求、征求意见等。在这一阶段，学科服务始终没有很好地开展起来，这一方面是由于相关管理措施不到位，经验不足，服务内容太死板，开展的相关服务项目过于强调资源信息的主动推送而忽略了信息需求的个性化；另一方面是因为服务工作缺乏主动性，没有形成良好的服务运行机制，造成工作局面难以打开，处于等待读者上门的被动状态。

为解决学科服务的被动局面，西藏民族大学图书馆针对发现的问题，组织学科馆员多次进行研讨与论证，并于2012年4月起，由馆长带领学科馆员分批分期进入学校二级学院进行深入调研，切实把学科服务工作落到实处，服务模式也由以学科为单位转变为以二级学院为单位，并指定11名图书馆馆员分别负责各二级学院的学科服务工作。在这一阶段，图书馆首先从规范管理入手，明确学科馆员职责，将学科服务制度、服务项目、各学院学科馆员联系方式等信息整理成文并明确公布于西藏民族大学图书馆网站，要求每个学科馆员与各学院联络人建立稳定可靠的联系，并迅速开展需求调研、资源培训与推送、文献传递、待查待检、专题跟踪等服务。这一阶段的学科服务强调针对性、专业性、科学性和知识的深度挖掘，取得了较好的效果。

2. 学科服务团队搭建

为了更好地向读者提供学科化、专业化和个性化的信息服务，西藏民族大学图书馆整合全馆人员力量，由具有副高以上职称或研究生以上学历、业务骨干馆员组成学科服务团队，为各二级学院配备具有一定学科背景的学科馆员，与教师进行合作，主动开展全方位的服务，及时了解师生对信息资源的需求，宣传图书馆的馆藏资源和服务，为科研课题提供情报服务，为读者提供利用图书馆资源方面的咨询和指导。

学科服务团队由11名学科馆员组成，其中10人各负责1个学院，1人负责两个学院。在11人中，副研究馆员4人，馆员7人；硕士5人；有图书馆学专业背景的3人。学科服务采取兼职模式。

3. 文献资源建设的科学化发展

资源是服务的基础，要做好学科服务必须有科学的资源保障体系。西藏民族大学图书馆学科服务团队于2013年9月开始，全面展开对各二级学院的调研工作，深入了解了师生的文献资源需求和服务需求。根据征集到的文献资源需求意见，该校图书馆迅速调整资源建设计划与采购方案，并进行了重点学科的查漏补缺工作，以保证资源收藏的完整性；配合各学院申博计划申请重点图书的购置经费；邀请各教研室负责人与采购人员共同选订专业图书，保证资源建设更好地为教学科研服务，尽可能满足师生文献信息需求。

4. 加强特色资源建设，突出藏学研究的资源保障

作为隶属西藏的民族院校，藏学文献一直是西藏民族大学图书馆的重点建设资源，多年来，图书馆一直坚持藏学资源的全面收集原则，比较完整地收藏了与藏学相关的纸质资源，到2019年已有藏学图书6万余册。随着数字化技术的发展，该校图书馆在2018年建成"西藏文化特色数据库"平台，该平台汇集了早期自建的藏学专题全文数据库、藏文图书全文数据库、藏学视频数据库、藏学图书书目检索系统，并增加了格萨尔特色库、藏戏特色库、藏学专刊库等特色资源，特色资源的建设为学校藏学研究提供了完整的资源保障。

5. 分层次开展读者培训

由于是民族院校，学生基础教育素质参差不齐，西藏民族大学图书馆分层次开展了读者培训工作：对新生，强调图书馆资源、服务的推送，引导初入校门的他们更好地了解利用该校图书馆；对本科生，

根据区内、区外生源做不同深度的文献检索培训，通过公选课、专业选修课、专题讲座的形式分层次开展；对研究生，除了基本检索方法的掌握，还根据其研究方向做中外文专业数据库的培训；对中青年教师，培训内容以本地资源和 VPN 服务、文献传递服务的介绍为主；对年龄较大的专家学者，考虑其对现代检索技术的生疏，以代查代检服务为主。

在学科服务制度下的读者培训也更注重针对性、时效性——如邀请"北大法意"数据公司为法学院师生举办了题为"法律信息检索"的培训讲座；针对医学文献检索聘请万方数据公司做了万方医学网培训讲座；针对医学院和信息工程学院的教师和研究生聘请汤森路透集团做了题为"SCI 数据库在科研中的利用和价值"的讲座。这些讲座内容重点突出，并有针对性地邀请受训用户，取得了较好的培训效果，迅速提高了数据库利用率。

6. 文献传递服务

本地资源是学科服务的重要基础。西藏民族大学图书馆现有馆藏 173 万册（其中，纸质图书 109 万册，电子图书 64 万册），其中电子信息资源是现代信息服务的主要资源类型，也是读者最喜欢使用的资源。但该校图书馆现有的数据库品种有限，且结构不够合理——已购数据库多为综合性的中文全文数据库，既缺少外文数据库，也缺少事实数据库和引文索引数据库，难以满足用户的科研需求。在这样的条件下，图书馆对一些重要资源的获取完全依靠文献传递。2011 年 8 月"教育部 CALIS、CADAL 项目西藏自治区服务中心"成立，该校图书馆成为其成员馆，依托中国高等教育文献保障系统（CALIS）搭建的信息资源共建、共享平台为该校图书馆开展以知识为基础的深层次信息服务提供了资源保障。2009 年，该校图书馆成为陕西高校图书馆馆际互借系统成员馆。丰富的资源获取途径极大地改善了本地资源缺乏的现状。

7. 加强图书馆资源和服务的宣传工作

为宣传图书馆的资源和服务，该校图书馆编写了"图书馆资源导航"（包括学科导航网页和印刷版资源导航等），由学科馆员向对口学院宣传发放；编写《图书馆使用指南》，在新生培训时向每一位新生发放。学科馆员不定期深入对口二级学院，通过正式和非正式途径宣传该校图书馆，及时通过网络、电话、面对面交流等方式向院系通报适用的试用库资源、资源培训、各类新书入库信息，通过这些宣传工作，提高了资源利用率，也提升了该校图书馆形象。

（三）问题及对策

1. 存在的问题

目前，西藏高校图书馆所提供的知识服务，还远远不能满足高校师生深层次的信息需求。

（1）服务项目广而不专，院系负责的服务模式不够科学

以西藏民族大学图书馆为例，"学科服务的主要内容包括知识信息服务、文献资源保障、学科咨询、信息素养教育、代查代检、文献传递、课题跟踪、查收查引等方面"。每一位学科馆员针对各自负责的院系要全面开展这些工作需要付出很大的努力，要长期在兼职状态下开展工作也有一定的难度。院系负责与全面服务的结合使这种服务模式不具备可持续性，而且服务的广度极大地阻碍了服务的深度发展，学科馆员往往顾此失彼。比起专人独立针对一个专业开展学科服务，团队协作的服务方式更适合开展学科服务工作，从课题调研、资源获取、信息分析、到最终研究报告的形成，团队的分工协作将能更好地完成这类有深度的信息咨询工作。

（2）兼职服务模式存在很大弊端，难以深化服务层次

西藏民族大学图书馆现任学科馆员都是各个部门的中青年骨干力量，除了学科服务都各有各的常规工作。由于不能做到专注，学科服

务的质量很难提高，服务项目也很难做到细化与深入。在制度管理上，没有具体的职责规范，致使学科服务质量难以量化考核；没有相应的激励措施，也难以调动学科馆员的积极性和主动性，他们往往只是被动地去完成硬性任务。

（3）学科馆员专业结构不合理，深层次服务难以开展

西藏民族大学图书馆现有十二个二级学院，其中只有信息工程学院学科馆员的专业背景与其所负责的院系专业相符，其他几个学院的学科馆员都需要在工作中重新去了解各专业的基础知识及研究前沿，否则资源推送、全景分析等工作难以打开局面，在代查代检的过程中也不能获取专业性更强的有效信息。目前该馆的学科服务仍然是以原文获取、资源培训、资源建设为主，深层的知识挖掘、事实分析、科技查新都没有广泛开展，这使学科服务基本仍停留在传统的信息咨询服务层次上。

（4）学科服务平台功能不足，图书馆之间缺乏协作和交流工作机制

目前，西藏高校图书馆缺乏一个服务技术先进、文献保障充分、制度成熟健全的知识服务体系，更没有实现联机协作的参考咨询平台。在学科服务人员共享方面，目前也没有相应的协同系统，通常只是馆际互借和馆员之间自发的邮件、QQ、MSN 交流。没有一个统一的协同工作平台，没有实质性业务协作的开展。

2. 思考与建议

（1）建立科学的学科服务模式和管理制度

要使服务具备可持续性，必须有科学的运行模式和制度管理约束。建议综合考虑学科馆员的专业、学历、能力、面对的用户数等因素，以学科为单位成立服务小组。综合性院校可以设立人文、社科、信息科学、医学、理工科等小组，专科院校以本专业为主根据学科馆员专业背景设立更加细化的学科组或课题组，各学科服务小组归信息

服务部统筹管理，利用专业优势深化服务层次。每开展一个服务项目要有专人负责长期服务，要有成文的管理制度，明确学科馆员的职责和服务规范。学科服务并没有一个固定的模式，西藏各高校图书馆应根据所在院校的教学和科研需要，从实际需求出发，寻找破冰点，打开工作局面，并持之以恒。

（2）加强资源专业化建设，突出特色资源的完整收藏与提供

学科服务以信息资源的提供和深度挖掘为目标，资源建设的专业性、科学性是开展知识服务的有力保障。西藏高校图书馆在资源引进时要充分考虑学科之间的平衡，在保证重点学科资源建设的同时兼顾综合性资源和其他学科的教学、科研需求；应加强学科特色资源建设，建设专题特色数据库，整合本馆特色资源，并建设学科导航，以学科为单元揭示本地资源，并重视网络学科资源的搜集与整理。在重点学科资源和特色资源建设工作中为避免资源浪费，科学的方法是共建、共享，可以依托中国高等教育文献保障系统（CALIS）平台，在中心馆的统筹协调下深入挖掘本馆特色资源，并根据各校专业设置在资源建设工作中进一步细化特色库的学科范围，以便于从专业的角度开展更深层次的知识挖掘与服务。

（3）提高学科馆员的综合素质，积极开展主动服务，提升学科服务的水平

学科服务是面对用户开展的知识服务，用户需求是第一位的，有针对性地满足用户信息需求是学科服务的价值所在。从专业角度看，学科馆员团队的专业范围要能够覆盖所在院校的重点学科和本科专业；从服务层次分析，学科馆员应各有所长，要能够开展不同层次的知识服务。比如能力强的可以开展查新、课题跟踪、文献检索课等深层次服务，能力弱一点的可以承担资源导航、信息推送等服务；学科服务团队必须有2—3名图书馆学专业的人员，因为他们能更好地从专业的角度开展信息素养教育，从资源、方法等角度全面综合地普及

现代信息检索的知识与技能。面对用户的信息服务要求学科馆员必须具备一定的社交沟通能力，能够主动了解用户信息需求，有针对性地为用户提供资源和服务。学科馆员必须了解本地资源和外部资源的获取方法，要有一定的外语水平，能够及时获取前沿信息，善于分析科研发展趋势，更好地开展主动服务。

（4）根据用户需求层次开展服务，分阶段逐步推进学科服务的深度和广度

西藏高校图书馆用户信息需求层次差别较大，如果普及性地开展全面服务不能取得很好的效果。应该针对学生层次做不同的学科样本分析，为分层服务提供证据。为了开创新的服务局面，提升西藏高校图书馆的影响力，在学科服务初期应以信息推送等宣传性服务为主，让各类用户了解图书馆目前的资源和服务状况，提高西藏高校图书馆的利用率和影响力。深入推广阶段应分层次开展针对性服务，比如对本科生，主要以培养信息意识、提高信息素养为目的，通过公选课或专题讲座的方式开展信息素养教育；某些领域的专家学者有自己的科研团队和长期的研究积累，应通过沟通让他们了解学科馆员能为他们提供什么服务、解决什么问题，知道学科馆员的联系方式，为他们主动提供课题分析和信息跟踪服务；目前西藏高校还处于发展建设阶段，针对院系的重点学科申报工作，学科馆员要及时开展重点资源查漏补缺工作，可以组织临时团队针对某个专业或科研课题做全景分析报告，为西藏高校专业设置的发展策略提供决策依据。

（5）拓展学科服务范围，充分利用信息为决策服务的功能向行政管理层主动推送资源和服务，争取资金、人员和制度支持

西藏高校图书馆将常规用户群定位在高校师生，很少针对行政管理层这一特定的服务对象制定服务策略。作为高校管理系统的决策层，这部分用户其实更需要全景分析报告这样的综合性信息分析服务，这类信息将直接在决策中发挥作用。西藏高校图书馆应根据各校

不同阶段的工作重点组织相关学科馆员主动做出这样的信息分析报告，为正确决策的制定提供可靠证据。一旦有了破冰点，不仅能迅速提升西藏高校图书馆影响力，也能改变西藏高校图书馆形象，争取到更多的资金、人力资源和制度的倾斜，获得更好的发展空间。

（6）搭建科研成果互动交流平台

西藏高校图书馆应与各高校科研处、研究生处通力合作，使学科服务平台同时也成为科研项目申报、学校专业建设、重点学科建设、科研成果展示与转化的重要平台。应开辟多渠道、多途径的学科服务方式，深化学科服务细节，打造形式多样、上手简单、功能强大的一站式学科服务平台，并充分利用和挖掘其功能——这也是学科服务发展的重要方向。

（7）开拓思维，创新服务项目，拓展学科服务的广度和深度

在校用户群是学科服务的主要对象，学科服务一定要以用户为中心才能发挥作用。除了帮助读者从海量信息中获取知识、帮助他们掌握终身学习的方法，学科服务应更加注重开展以专业知识为基础的有效互动，挖掘用户的潜在信息需求，集成相关资源，为他们提供能力和理念的培养平台。学科馆员在此时发挥的应当是资源集成、思维引导和搭建交流平台的作用。比如，可以为与就业创业相关的各类印本、数据库资源及网络资源创建索引；由学科馆员举办相关理念和资源线索的培训讲座；举办沙龙，邀请有关专家、创业成功校友甚至是校园名人与读者一起探讨相关问题，在思维碰撞的过程中给他们启发。与信息和知识相关的需求都应是西藏高校图书馆的学科服务范围，只有开拓思维，不断创新，才能推进学科服务的发展。

三　服务管理协同创新

随着高校办学规模的扩大和信息技术的发展，图书馆在基础服务

方面不同程度出现了人员缺乏的现象。设置勤工助学岗位，引入学生参与图书馆管理已成为高校图书馆发展中的普遍现象。高校图书馆在每学期开学的时候，都会提供一定数量的勤工助学岗位，一方面，使大学生们获得参加社会实践的宝贵机会，提高了他们的劳动实践能力，帮助他们加深了对劳动价值的认识；另一方面，学生馆员们承担起高校图书馆内大量的辅助性工作，弥补了高校图书馆人力资源的短缺，使他们在实践中对高校图书馆资源的布局和文献资源利用有了更深入的了解。近年来，怎样做好学生馆员的管理工作，提高学生馆员服务技能，充分发挥他们的优势，与学科馆员协同做好学科服务，已经成为西藏民族大学图书馆学生工作的重点。

（一）学生馆员参与学科服务工作的意义

学生馆员制度的建立，有利于补充学科馆员队伍，开展多样化学科服务。高校图书馆普遍存在工作人员数量不足的现象，设立勤工助学岗位，可以解决人手紧缺的问题。学生馆员来自不同专业，青春活泼，文化素养较高，他们本身即是读者，能准确理解读者的需求，反馈的意见也更有针对性，对于完善馆藏结构和提高高校图书馆服务水准更加有效；他们亲身参与高校图书馆工作，目睹高校图书馆工作人员的辛勤付出，能对高校图书馆工作给予更深的理解和支持。充分发挥学生馆员队伍的辅助作用，已经成为西藏民族大学图书馆学科服务的一大特点。学生馆员与学科馆员协同开展学科服务，帮助学科馆员完成服务的基础工作，有效提高了该校图书馆的整体工作效率和知识服务水平。同时，学生馆员经过专门的岗位培训后，他们基本能胜任该校图书馆大部分岗位的工作，较好地解决了该校图书馆人力资源不足的问题，使学科馆员有精力开展深层次的服务，或有机会外出进修培训，有利于更好地发挥该校图书馆服务育人的功能。

大学生在高校图书馆勤工助学，同时面对着图书馆、院系和师生读者三个群体,是高校图书馆与用户沟通的重要桥梁。西藏民族大学图书馆的学生馆员来自全校的各个院系,他们既是该校图书馆工作人员,同时也是该校图书馆的忠实用户。不同的学科专业知识背景下用户的需求是多方面的,通过学生馆员,该校图书馆可及时了解不同专业用户需求变化,使该校图书馆的各种资源与用户知识无缝链接,真正体现出2.0模式下文献信息资源和服务的共建和共享。在实际工作中,西藏民族大学图书馆的学生馆员经常会接受图书馆馆员的专业指导,学习有关技能,反馈有关问题;经常能和读者群体沟通,为他们提供图书借还或咨询服务,及时推荐新资源或活动信息;经常能和大学生同事协同完成相关工作任务。交流与服务对于锻炼他们的人际交往能力和语言表达能力是很有利的,同时也培养了他们的团队协作意识和敬业精神。部分大学生有机会参与图书馆组织的活动,锻炼了他们的组织协调能力,这些都为他们毕业后走入社会积累了宝贵的经验。图书馆勤工助学不仅丰富了这些大学生的业余生活,还培养了他们的自信,促进他们身心健康发展。通过图书馆的专门培养和工作实践,相比其他大学生,他们更加了解图书馆的资源与服务,具备更好的信息素养,无形中形成了良好的学习习惯和阅读习惯。

(二)学生馆员管理模式

1. 勤工助学模式

对于高校图书馆而言,在大学生参与管理模式的构建中,应以勤工助学方式为主。高校图书馆通常是通过招聘,挑选一些优秀的学生,使其参与到服务与管理工作中,并获取一定的报酬,在选人过程中应对有经济困难的同学保持一定倾斜。西藏民族大学图书馆每学年开学时,根据学校勤工助学岗位总体规划和图书馆的实际需求合理确定岗位人数,在坚持公平、公正、公开原则的基础上进行招聘。应聘的同学不限学院和专业,但要热爱此项事业,并具有一定的时间保障。该校图书馆和学生馆员之间是双向选择，秉持自愿报名、择优录用的原则。岗位数量由学校确定，岗位设置由该校图书馆规划，整个招聘过程由管理岗位的学生馆员负责，最终聘用人员经图书馆确认后聘用。所有录用的学生馆员要遵守该校图书馆的规章制度，服从馆内的工作安排，全心全意为广大读者提供服务，耐心细致地解答读者的疑问，热情主动地帮读者解决困难。

2. 社团协会模式

社团协会模式的构建对于高校图书馆管理的发展有着积极的促进作用。在该模式下高校图书馆要对学生学习的实际情况进行考察与研究，并与学校团委、社团管理机构等相关部门展开合作，创建高校图书馆兴趣协会。为了使协会组织的运行有序开展，在协会成员的引进方面，也要优先考虑对高校图书馆工作具有较高热情，并且责任心较强的学生。在高校图书馆管理实践中，应制定严格的规章制度，并对协会成员的具体工作进行合理规划与安排。西藏民族大学图书馆在这一原则指导下，于2015年以学生馆员为主成立了"读书社"，他们不仅策划开展了丰富多彩的阅读活动，同时也积极参与到该校图书馆组织的各类竞赛或培训活动中来，并吸引身边更多的同学关注图书馆，参加"读书社"，无形中对该校图书馆进行了宣传推广。通过这一模式，培养了学生的奉献精神，同时也锻炼了他们的管理能力。

3. 专业培训模式

图书馆的工作需要工作人员具备一定的专业管理知识和技能，而来西藏民族大学图书馆工作的学生馆员多数为大一、大二的学生，虽然在大一入学时，参加了西藏民族大学图书馆对新生的"入馆教育"培训，但他们对此了解仍不够深入，真正利用到的资源和服务也很少，对图书分类、数据库检索、学科服务等所知就更加有限。学生馆员也认识到图书馆学是一门专业性很强的学科，要做好服务工作，不仅要具有一定的专业知识，还要求对实际工作有多方面的了解，需要工作经验的积累。高校图书馆为大学生提供的学生馆员岗位专业性相对较弱，在聘用时进行的培训内容只是图书馆工作中最基本的业务知识，在实际工作中遇到读者咨询这样或那样的问题，就学生所掌握的知识而言往往不能使读者得到满意的答复。因此，学生馆员必须经过高校图书馆的专业培训方能胜任更高层次的学科服务工作，通过专业训练的他们也能够将自己学到的知识和技能传授给身边的同学，在无形中达到高校图书馆宣传和知识传播目的。要充分发挥学生馆员的积极作用，就必须对他们进行强化培训、规范管理，同时高校图书馆专业馆员也要与他们进行实质性的交流、学习，以提高其自身的综合素质与能力，二者各尽其能，积极配合，才可组建一支有潜力高素质的学生馆员队伍。

西藏民族大学图书馆主要采取岗前培训和定期培训相结合的方式培养专业学生馆员：

（1）岗前培训

每一位新加入的学生馆员刚开始接触此项工作时都是从零开始的，为了消除他们对高校图书馆工作模式的无所适从，进一步增强他们对高校图书馆基本知识的了解，促进其服务水平的提高，强化他们的奉献意识和观念，弘扬高校图书馆"服务至上"的宗旨，对新录用的学生馆员进行岗前培训，让其掌握基本工作流程和专业技能是必要的。

西藏民族大学图书馆的岗前培训主要通过培训馆员的专题讲座和学生馆员以老带新、言传身教完成。专题讲座主要让新入职的学生了解该校图书馆资源与服务，树立正确的服务理念；在具体的工作岗位，由老学生馆员就具体工作进行有针对性的重点辅导。经过一段时间的试用，根据每个人的工作胜任能力和特点做必要的调整。

（2）定期培训

定期培训是根据工作过程中出现的问题及时进行的辅导，也是保证学生馆员不断提高高校图书馆服务能力的重要手段。定期对学生馆员进行专业培训，一方面可以及时解决工作难题或问题，有效提高工作效率；另一方面，使他们熟练掌握高校图书馆基础理论知识，不断更新技能，在此基础上可以通过他们帮助所在院系的师生更加有针对性地利用高校图书馆的资源与服务。

西藏民族大学图书馆有计划、有步骤地面向全校师生开展读者培训活动，即以学科馆员主讲、学生馆员辅导操作和解答咨询的方式开展，很好地帮助读者熟悉该校图书馆的资源与服务。

（三）学科服务协同创新

高校图书馆学科服务的协同主要包括馆内协同与馆外协同两类，学生馆员与学科馆员的协同属于馆内协同的范畴；馆外协同则包括学科服务人员与服务对象间的协同，以及与第三方的协同。学生馆员的双重身份使他们对馆内或馆外的协同都将起到很好的辅助作用。

1. 馆内协同

学生馆员可以根据各自岗位不同，开展与资源建设部门、流通服务部门和参考咨询部门的内部协同，及时向专业馆员反馈读者需求，发挥各自优势，共同实施馆藏资源建设工作或信息咨询服务，按需为各级各类用户和科研团队提供信息，促进科研进展，推动高校图书馆文献资源建设和知识服务的学科化，提高学科服务的水平和效率。

西藏民族大学图书馆积极培训选拔优秀的学生馆员，与该校图书馆专业人员组成学科服务团队，优势互补地开展学科服务工作。学生馆员重点负责及时了解师生对信息资源的需求，宣传该校图书馆的馆藏资源和服务，为科研课题提供情报服务，为读者提供利用该校图书馆资源方面的咨询和指导。他们往往深入教学一线，了解师生对资源、服务的建议和意见。学科馆员在调研中，重点与相关二级学院、研究生处的领导和教师就学校学科建设展开讨论，他们从藏学特色文献资源建设、港台图书的采访、外文文献资源建设、中国基本古籍数据库和外文数据库的购买、如何针对教学与科研开展服务等方面提出了许多建设性意见和建议。与此同时，该校图书馆通过学科团队推荐，邀请学院教师、优秀学生积极参与该校图书馆的图书采购，共同做好资源建设工作，并开辟了绿色通道，及时补订读者推荐图书，对急需用书加急处理，及时送到教师手中，切实推进文献资源服务。通过这种内部协同的合作，加强了该校图书馆与二级学院、职能部门之间的交流和沟通，学科服务团队集思广益、群策群力，对促进西藏民族大学教学科研工作的发展具有重要意义。

2. 馆外协同

学生馆员参与学科服务的馆外协同主要指的是与服务对象之间的协同，他们重点负责以下工作：第一，是宣传推广工作。为适应数字化时代读者阅读、学习的需求，西藏民族大学图书馆近年新增了自助借还机、电子图书借阅机、电子阅报机、自助文印机等新型设备，开通了移动图书馆等新媒体服务方式。新设备的增加，以及服务方式的多样化，只有通过宣传工作，才能达到有效使用、服务全面的要求。该校图书馆充分发挥学生馆员青春活泼、积极向上的热情，开展图书馆宣传工作，极大增强了该校图书馆的吸引力。通过筛选，该校图书馆吸收部分学生与工作人员一起组建了宣传小组，策划开展了一系列形式新颖、内容丰富的读者活动——如利用"读书月"的契机开展的"书香奖"评选、图书馆图文设计大赛、"民大，我知道……"知识竞赛等，尤其是推出的"预约送书上门"活动受到了广泛的好评。此外，该校图书馆还举办了"移动图书馆启用仪式暨数字资源宣传""品味藏学经典·'读'享魅力西藏"主题阅读分享等读者服务活动，吸引了读者的广泛参与，增进了读者对该校图书馆资源的了解和认识。第二，是专业知识的传播推广。学生馆员经过岗前培训和持续性的定期培训，一般都能掌握基本的图书排架、文献检索等知识和技能，通过他们对新生分院系进行全覆盖的入馆实地培训，有计划地组织开展文献检索或考试类数据库使用辅导等，相比学科馆员的集中讲座式培训，往往能取得更好的效果，为师生更有效地利用图书馆资源及各项服务打下了良好的基础。

（四）问题与对策

1. 协同服务工作中存在的问题

（1）学生馆员素质参差不齐

高校图书馆在招聘学生馆员的过程中，只能通过面试环节对大学生有初步的了解，但对每位同学的具体情况却知之甚少。有的同学工作能力不足，缺乏应变能力，遇到突发状况不知怎样处理，甚至有因采取错误的处理方法而引发更多问题的现象；有的同学工作责任心不强，工作敷衍了事，随意迟到早退；有的流通书库的大学生上架时粗心大意，错架率高，读者在书架上就无法找到所需图书；有的同学适应能力较差，不服从工作安排，不能和别人很好地协作，无法融入高校图书馆的日常工作；有的同学心理素质脆弱，遇到个别难以沟通的读者，不仅不能保持平稳情绪为读者服务，甚至可能失控与读者爆发冲突，引发高校图书馆与读者的矛盾；各高校根据教育部勤工助学相关管理制度，在选用学生馆员时都会对经济困难的大学生有所倾斜，但这些大学生除了有较强的经济压力外，往往还存在一些自卑、敏感的倾向，这种负面心理对开展工作不利，如不能自我完善，也会影响今后的就业与发展。

（2）学生馆员队伍缺乏稳定性

参与高校图书馆勤工助学工作的学生馆员多以大一和大二的学生为主，随着时间推移，他们面临着逐渐加大的学习和就业压力，有的会选择考研，或面临英语考级、各类考证等压力；有的会在学习生活的过程中发生兴趣转移，更多地参与讲座、社团活动或社会实践；有的在高校图书馆日常工作的重复劳动中有了心理落差，产生倦怠感，甚至出现抵触情绪，这些都会对勤工助学工作产生扰动，有的大学生甚至直接选择退出；此外，每学期开学，高校图书馆都会面临一次学生馆员大范围的新老更替。以西藏民族大学图书馆流通书库为例，据统计，自2017年12月至2018年12月，每个月都有学生馆员的加入和离开。有的学生馆员刚刚能够胜任一个岗位的工作就离开，给该校图书馆学科服务的正常开展造成了一定的困扰。

（3）缺乏对学生馆员的人文关怀

高校中的勤工助学现象反映了大学生中一种自立自强、面对困难积极奋进的人生态度，是应该得到肯定与支持的。在协同创新的过程中，与他们直接近距离接触的是图书馆的专业馆员，馆员的工作态度、言行举止都会潜移默化地影响学生。如果仅仅把学生馆员当作临聘工作人员对待，可能会让他们找不到心理上的平衡感；有的馆员随意支使学生馆员处理图书馆工作以外的私事，也会引起他们的反感，进而失去工作的热情。馆员应以身作则，耐心细致地传授知识，公平公正地分配任务，齐心协力地做好工作，营造充满人文精神的图书馆文化氛围。

2. 学科服务协同管理创新对策

（1）建立健全管理制度，培养学生馆员的职业精神

制定包括招聘、培训、上岗、考核等全过程的管理制度和细则。坚持"学有余力、自愿申请、扶困优先、竞争上岗"的招聘原则，细化不同岗位的聘用条件和要求；采用协议制，录用后要签订勤工助学协议书，明确权利和义务，培养职业素养与契约精神；要制定严格的考勤制度，加强指导与监管；具体岗位明确责任、各司其职；要完善考核奖惩制度，定期召开例会，总结经验改进工作，适当表彰先进，激发学生馆员工作积极性，对随意离岗、退职行为按协议规定作出相应处罚。

(2) 加强学生馆员培训工作,提升学科服务能力

要培养学生馆员的学科服务能力,必须加强专业素养培养,除了常规的岗前培训、定期培训,还可以通过学生馆员间或与高校图书馆学科馆员间的定期沟通座谈等及时发现问题,有针对性地开展培训工作,通过团队协作,形成强大的集体智慧和力量,从而把高校图书馆学科服务质量推向新的高度;除了业务技能,还要开展包括熟悉图书馆架构、整体布局、图书管理系统、规章制度等的全面培训,使学生馆员自觉将自己看做图书馆的一分子,熟悉图书馆的每一个角落,自觉服从高校图书馆纪律约束;要重视学生馆员心理素质的提高,适时开展心理辅导,及时了解学生困难,加强与学生沟通交流,主动和他们谈心,关心他们的生活,给予必要的心理疏导,帮助他们扫除心理障碍;对学生馆员还需要进行职业道德教育和必要的安全教育,防止意外发生,熟悉高校图书馆应急措施,最终让每一位学生馆员成为合格的高校图书馆工作人员。

(3) 强化管理的人文关怀

在高校图书馆主体管理实践过程中,我们既要肯定管理的科学性,又要肯定管理中的人文关怀。图书馆馆员应以平等友好的态度与学生馆员进行交流,除了耐心指导工作技能,当他们在学业、生活上遇到困难时,也要及时施以援手;要充分发挥大学生专业特长和优势,安排合适的工作岗位,让熟悉资源、善于查询文献的大学生负责参考咨询工作,让擅长文字创作的大学生负责微信平台,让口才突出的大学生在流通阅览或宣传部门一线服务,最大限度地激发每一位大学生的聪明才智,充分发挥自己的特长,在工作中体会到自己的价值,获得职业认同感和满足感,从而提升归属感,更积极、热情地为读者服务。

高校图书馆学科服务是特色化、个性化、专业化的服务,事务可繁杂琐碎、亦可高深严谨,单靠学科馆员的力量难以为用户提供高质

量的完善的知识服务。高校图书馆学生馆员是学科服务这一系统工程所涉及的重要因素之一,他们与高校图书馆或图书馆馆员之间不是单纯的雇佣和被雇佣的关系,而是一种亦师亦友、相互尊重、相互协作的关系。学生馆员参与高校图书馆工作,既能锻炼自己的协作能力、组织能力和实践能力,充分体会到自己工作的价值,也能有效推动高校图书馆学科服务工作的深化和发展,不管是对高校图书馆、对参与高校图书馆管理的学生,还是对读者都有深远的意义。

主要参考文献

一 中文专著

徐引篪：《现代图书馆学理论》，北京图书馆出版社 1999 年版。

赵静：《现代信息查询与利用》，科学出版社 2008 年版。

武婧：《信息资源检索与毕业论文写作》，东北大学出版社 2014 年版。

谢发徽：《图书馆电子信息系统应用实践》，机械工业出版社 2014 年版。

二 中文期刊

王知津：《知识组织的研究范围及发展策略》，《中国图书馆学报》1998 年第 4 期。

蒋永福：《图书馆与知识组织》，《中国图书馆学报》1999 年第 5 期。

王知津：《知识空间：知识组织的概念基础》，《中国图书馆学报》1999 年第 5 期。

张蕊：《元搜索引擎的新贵——Ixquick》，《中国计算机报》2000 年第 27 期。

胡京波：《关于民族地区图书馆实现文献信息资源共建共享的思考》，《图书馆论坛》2001年第6期。

李聚平：《关于西藏地区图书馆藏学文献资源共享问题的思考》，《图书情报工作》2001年第10期。

韩喜运：《图书馆知识组织问题》，《情报学报》2002年第2期。

德萨：《建设西藏文献资源保障体系的初步设想》，《西藏研究》2002年第4期。

刘海航、黄碧云、张畅：《元搜索引擎Profusion》，《情报科学》2002年第9期。

夏祖奇、黄水清、赵展春：《基于分类目录的元搜索引擎模型的提出与实现》，《情报学报》2003年第1期。

林嘉：《网络环境下图书馆联盟建设的思考》，《中国图书馆学报》2003年第2期。

宋朝阳、丹珍卓玛：《关于西藏地区图书馆事业发展的几点思考》，《中国藏学》2003年第4期。

李晓明：《关于引进国外电子文献资源的几个问题》，《大学图书馆学报》2003年第4期。

张久珍：《电子信息资源建设策略分析》，《四川图书馆学报》2003年第4期。

陈传夫：《开放内容的类型及其知识产权管理》，《中国图书馆学报》2003年第6期。

梅海燕：《电子资源联盟——资源采购的新型模式研究》，《情报杂志》2004年第2期。

胡誉耀：《元搜索引擎的虚拟资源分类》，《情报科学》2004年第5期。

宋朝晖：《西藏地区图书馆发展的几点思考》，《西南民族大学学报》2004年第10期。

乔冬梅：《国外学术交流开放存取发展综述》，《图书情报工作》2004年第11期。

《突破 Yahoo——未来搜索引擎的目标市场初探》，http：//www.asp169.com/nous31.htm，20－06－2005。

李春旺：《网络环境下学术信息的开放存取》，《中国图书馆学报》2005年第1期。

马景娣：《社会科学开放访问期刊及其学术影响力研究》，《情报资料工作》2005年第2期。

任真：《开放存取环境下的图书馆》，《大学图书馆学报》2005年第5期。

唐承秀：《数字图书馆环境下的学术信息交流模式探析》，《图书馆工作与研究》2005年第5期。

黄凯文、刘芳：《网络环境下科学信息的公开与共享：试析网络学术传播的"公开获取运动"》，《农业图书情报学刊》2005年第5期。

齐华伟、王军：《元数据收割协议 OAI-PMH》，《图书馆学、信息科学、资料工作》2005年第5期。

李武、刘兹恒：《一种全新的学术出版模式：开放存取出版模式探析》，《中国图书馆学报》2004年第6期。

黄凯文：《试析网络科学信息的 OA 运动对图书馆的影响》，《图书馆论坛》2005年第4期。

于良芝：《未完成的现代性：谈信息时代图书馆职业精神》，《图书馆杂志》2005年第4期。

卓嘎：《共建共享：西藏地区图书馆藏学信息资源发展之路》，《图书馆论坛》2006年第3期。

郑垦荒：《开放存取面临的主要问题及图书馆的应对策略》，《情报理论与实践》2006年第3期。

马春燕：《构建民族高校数字图书馆共享联盟的设想》，《图书馆工作与研究》2006 年第 6 期。

德萨:《网络环境下西藏地区藏文信息资源共享可行性研究的意义》,《西藏大学学报》2007 年第 2 期。

更尕易西:《西藏地区藏文文献信息资源共享可行性机制研究》,《西藏大学学报》2007 年第 3 期。

靳随玲:《大学城图书馆资源共知共建共享研究——以长安大学城为例》,《当代图书馆》2007 年第 3 期。

文庭孝、陈能华:《信息资源共享及其社会协调机制研究》,《中国图书馆学报》2007 年第 3 期。

曹志梅:《区域图书馆联合体及其构建》,《中国图书馆学报》2007 年第 3 期。

胡京波、阿华:《西藏实施文化信息资源共享工程的现状与对策》,《中国藏学》2007 年第 4 期。

李建梅:《PBL 教学法在〈医学文献检索〉教学中的应用体会》,《广东医学院学报》2007 年第 3 期。

臧伟进、王渊、赵铭等:《PBL 教学模式在西安交通大学医学教学改革中的应用与推广》,《中国药理通讯》2009 年第 4 期。

蔡筱青:《图书馆联盟采购》,http：//www.zslib.com.cn/xuehui/nhlw/蔡筱青.rtf, 25 – 09 – 2009。

赵晓红:《西藏大学生信息素质现状调查与分析》,《西藏民族大学学报》(哲学社会科学版)2009 年第 4 期。

方静:《网络时代高校图书馆信息服务创新研究》,《吉林工程技术师范学院学报》2009 年第 7 期。

石咏梅、赵建基、梁国杰、苏晔:《新疆高校少数民族大学生信息素质教育现状及文献检索课程设置方案》,《图书馆学刊》2010 年第 4 期。

王园春:《论高校图书馆重点学科文献保障体系建设》,《重庆科技学院学报》（社会科学版）2010年第15期。

罗布江村、刘勇、万果：《西南民族大学藏学学科建设的特色之路》，《西南民族大学学报》（人文社会科学版）2011年第6期。

张晓彤：《少数民族大学生信息素质教育研究综述》，《情报探索》2011年第10期。

欧如意：《发挥高校图书馆在大学生勤工俭学中的素质教育功能》，《高教论坛》2012年第5期。

孙挺：《基于层次分析法的少数民族大学生文献检索课研究——以新疆农业大学为例》，《农业网络信息》2013年第7期。

杨梅：《台湾学术机构典藏和CALIS机构知识库比较研究》，《图书馆学刊》2014年第2期。

何海波：《大数据时代高校图书馆信息服务创新研究》，《现代情报》2014年第12期。

白玛旺姆：《探索民族地区高校图书馆资源共建共享》，《兰台世界》2014年第29期。

许燕、曾建勋：《面向科研管理的机构知识库建设政策与机制》，《图书情报工作》2015年第3期。

蒋岩波：《地方高校重点学科区域性文献资源保障体系建设问题研究——以江西省昌北高校图书馆联盟为例》，《图书情报工作》2015年第11期。

锡晓静：《高校图书馆联盟中电子资源共享瓶颈》，《图书情报工作》2015年第12期。

万果：《藏学学科再思考》，《西藏大学学报》（社会科学版）2016年第3期。

于海洋、周马杰、陈元平：《提升大学生信息甄别能力与媒介素养》，《中国高等教育》2016年第12期。

国际图联管理委员会、国际图联媒介和信息素养建议书（2014中文翻译版），http：//www.ifla.org/files/assets/information-literacy/publications/media-nfo-lit—recomme-ndzh.Pdf，21－07－2017。

赵霞：《图书馆管理的新范式——一种管理学视角》，《兰台世界》2018年第2期。

三 英文文献

Tom Storey, *University Repositories: An Extension of the Library Cooperative*, OCLC Newsletter, No. 7, 2003.

Richard Gedye, Open Access is only part of the story, *Serials Review*, Vol. 30, Issue 4, 2004.

Sally Morris, Open Access: How are publisher reacting, *Serials Review*, Vol. 30, Issue 4, 2004.

Adam Chesler, Open Access: A review of an emerging phenomenon, *Serials Review*, Vol. 30, Issue 4, 2004.

Heather Morrison, Professional Library & Information Associations Should Rise tothe Challenge of Promoting Open Access and Lead by Example, *Library HiTech New*, Vol. 21, No. 4, 2004.

Colin Storey, etc., The Institutional Repository: The Chinese University of Hong Kong "SIR" Model, *Lecture Notes in Computer Science*, No. 3334, 2004.

David Goodman, The Criteria for Open Access, *Serials Review*, Vol. 30, Issue 4, 2004.

David Nicholas, Ian Rowlands, Open Access Publishing: The evidence from the authors, *The journal of academic librarianship*, Vol. 31, Issue 3, 2005.

后　　记

　　1993年7月，我从西北大学毕业，走进了西藏民族大学图书馆。25年的工作经历使我对图书馆事业充满深情，对西藏教育事业充满深情。《西藏高校图书馆发展现状研究》一书是我多年来的科研积累和实践总结，也是关注西藏高校图书馆事业发展的倾心之作。

　　本书从选题到最终内容的定稿，紧扣西藏高校图书馆发展这一主题，结合当前理论和技术的发展变化，阐明西藏高校图书馆要利用自身知识信息汇集、传播和研究的优势来助力公民进步和西藏社会和谐发展，深化知识服务的拓展水平，实现整体功能的及时转型。在写作的过程中，既深度反思和探讨了西藏高校图书馆自身发展存在的问题，又研究了如何拓展其公共文化服务职能，发挥西藏高校图书馆在建设"文明西藏""繁荣发展少数民族文化事业"战略部署中的作用。充分发挥西藏高校图书馆的教育服务职能，对实现民族地区经济社会的跨越式发展和长治久安有着重大的现实意义，也对实现民族地区和谐社会的构建有着深远的历史意义。

　　本书中的"西藏民族大学"，自1958年至今历经了"西藏公学""西藏民族学院"和"西藏民族大学"三个发展阶段，2015年学校更名为"西藏民族大学"，在书中为避免歧义统称为"西藏民族大学"。书中部分统计数据来自作者早期研究成果，反映了研究当时的现实状况。

特别要说明的是，关于学科服务和新媒体的部分内容是我和岳凤芝老师、任秀丽老师共同完成的，在此深表感谢。感谢西藏七所高校图书馆同仁对本研究的支持，感谢写作过程中专家们的宝贵意见和建议，感谢出版社编辑的辛勤工作。图书馆学具有很强的现实性和跨学科性，随着技术的发展会不断呈现出更多新的前沿问题。本书所关注的研究重点和问题，视域必有缺漏，我亦深知个人研究能力的局限，书中一定存在诸多不足之处，也请方家和同行不吝指正与赐教。

张　淼

2018 年 12 月于西藏民族大学